TOLLE FLIEGER

Ludwig Köbler

TOLLE FLIEGER

Pfiffige Modelle zum Selbermachen

Gondrom

Inhalt

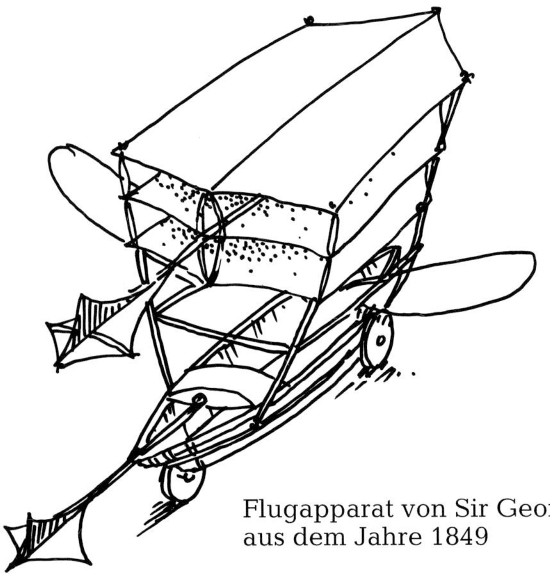

Flugapparat von Sir George Cayley
aus dem Jahre 1849

Vom Fliegen

Der Traum vom Fliegen ist so alt wie die Menschheitsgeschichte. Die Idee, sich frei in der Luft zu bewegen, wurde bereits in der Antike zur Legende. Wer kennt nicht die Geschichte von Ikarus, der mit seinen Flügeln der Sonne zu nahe kam? Nachdem diese das Wachs zwischen den Federn ausgeschmolzen hatte, mußte der griechische Luftpionier zwangsläufig ins Meer fallen.

Ganz entscheidende Anregungen zum Fliegen gab der Universalkünstler Leonardo da Vinci um 1500 in Italien. Wir kennen von ihm Zeichnungen, auf denen das Prinzip des Hubschraubers, der Luftschraube und des Fallschirms dargestellt ist. Manche Autoren vermuten, daß bereits Leonardo Papierflugzeuge gefaltet habe. In Anbetracht seiner vielen Erfindungen, die Jahrhunderte ihrer Zeit voraus waren, wäre es denkbar. Ein Gleitmodell mit Starrflügeln hat Leonardo sicherlich nicht gebaut. Schließlich war er davon überzeugt, daß eine Flugmaschine bewegliche Flügel haben müsse, um sich wie ein Vogel in der Luft zu halten.

Als erste haben schließlich die Brüder Joseph und Jacques Étienne Montgolfier den Traum vom Fliegen verwirklicht. In ihrem Heißluftballon stiegen 1783 drei Tiere – ein Schaf, ein Hahn und eine Ente – zur ersten Luftfahrt auf. Diese Erfindung hat allerdings dem Papierflugzeugbau keine Impulse gegeben.

Ganz anders die kleinen Flieger des Sir George Cayley. 1808 baute der Engländer kleine Gleitflugzeuge, wohl aus Papier und Holz, an denen er das Zusammenspiel zwischen dem Luftwiderstand, der Fläche und dem Gewicht des Flugzeugs beobachtete.
Es wäre denkbar, daß Sir George Cayley mit gefalteten Papierblättern den Auftrieb studierte.
Ihm gelang wenig später der erste bemannte Segelflug mit dem auf Seite 4 abgebildeten Fluggerät (Rekonstruktionszeichnung). Der obere Teil wirkt wie ein dreistökkiger Papiergleiter, wenngleich die Bespannung aus Stoff war.

Im Jahre 1842 zeichnete der Erfinder William Samuel Henson eine Flugmaschine, die später viele Konstrukteure inspirierte. Sein patentierter Entwurf nimmt die Erfindung des Flugzeugs vorweg. Die Tragfläche ist quer auf den Rumpf montiert, und zur Steuerung ist hinten ein Leitwerk angesetzt.
Wohl kurz nach der Jahrhundertwende, als Berichte von erfolgreichen Jungfernflügen um die Welt gingen und die Zahl der Flugmaschinenerfindungen zunahm, dürfte auch der Bau von Papierfliegern und einfachen Flugmodellen seinen Aufschwung genommen haben.

Mit der Normung des Papiers auf bestimmte Größen war dann der Durchbruch der Fliegerei in Büros, Schulen und Universitäten nicht mehr aufzuhalten.

Eine wahre Begeisterungswelle hat schließlich der „Internationale Papierfliegerwettbewerb" einer seriösen New Yorker Wissenschaftszeitschrift ausgelöst, der auch unser Interesse für die Entwicklung von Faltfliegern und Gleitern aus einfachsten Materialien weckte.

So stellen wir nun eine Auswahl von 17 sehr verschiedenen Flugzeugtypen vor, vom Papierflieger bis zum Segelflugzeug und vom Doppeldecker bis zum Raumgleiter.

Ausgedacht und getestet haben wir sie für alle Kinder, Jugendlichen, Eltern, Hobbypiloten, Pädagogen und Therapeuten, die Freude daran haben, auf kreative Weise in die Luft zu gehen.
Die vorgestellten Modelle weisen unterschiedliche Schwierigkeitsgrade auf, sie fördern das technische Verständnis im Umgang mit Materialien, und sie regen die künstlerische Phantasie an. Alle Oberflächen können frei gestaltet und variiert werden. Deshalb verstehen wir unsere Fliegersammlung nicht nur als Vorlagenbuch, sondern auch als Anregung zur eigenen Erfindung und Weiterentwicklung.

Viel Spaß beim Fliegerbau und guten Flug!

Papierflieger

Die ersten fünf Flugmodelle dieses Buches sind Papierflieger, die sich mit sehr geringem Aufwand falten lassen. Danach folgen Flugzeuge, die aus verschiedenen Einzelteilen zusammengesetzt sind. Diese wiederum unterscheiden sich darin, daß sie entweder auf einer Papierröhre oder auf einem Holzstäbchen aufgebaut sind.

Material

Die gezeigten Faltmodelle bestehen aus Schreibmaschinenpapier oder fotokopierten Vorlagen im DIN-A4-Format. Einige sind aus Tonpapier, Zeichenblockblättern oder Umweltpapier gefertigt. Ein Blatt ist immer 21 × 29,7 cm groß. Außer Schere, Klebstoff und Papier benötigt man für weiße Grundmodelle nichts.

Je nach Papierqualität ändert sich auch das Flugverhalten der einzelnen Modelle. Überzeugte Papierfliegerpiloten falten deshalb immer in verschiedenen Papiersorten, denn Gewicht und Spannkraft des Papiers beeinflussen die Flugfähigkeit ins Positive oder Negative. Es gibt auch gänzlich ungeeignetes Material.
Beispiele: Zeitungspapier ist zu schlaff für den Fliegerbau. Schwere, lackierte Papiere (Bildkalender, Prospekte usw.) führen Abstürze in Serie herbei. Selten eignet sich Geschenkpapier für fliegerische Zwecke.

Gestaltung

Das farbige Erscheinungsbild der Flugzeuge ist ganz der Phantasie des Designers in uns überlassen. Mit Filzstiften, Wachsmalfarben und Buntstiften lassen sich originelle Formen auf die Tragflächen zaubern. Nicht immer ist es notwendig, ganze Flächen auszumalen. Auch spontan aufgetragene Farbe oder einfache Muster geben den Fliegern ein individuelles Erscheinungsbild. Reizvolle Oberflächen erzielt man auch durch Aufsprühen und Aufsprenkeln (z. B. Tusche) von Farbe.

Falten

Für jeden Flieger liegt eine komplette Faltanleitung vor. Das Papier muß immer scharfkantig umgelegt und gefalzt werden. Das geschieht mit dem Fingernagel, der kräftig auf der Falzkante hin- und herfährt. Auch die runden Enden von Filzstiften haben sich hier bewährt. Bei schwierigen Faltungen kann man auch das Lineal anlegen und mit einem Falzbein vorrillen.
Ob man sauber gefaltet hat, zeigt sich, wenn die Flügel am Schluß genau übereinstimmen und das Flugzeug wirklich symmetrisch ist.

Starts und Landungen

Und hier nun eine Checkliste für alle Flugbewegungen:

1. Den richtigen Haltepunkt suchen und die Stärke des Abwurfs variieren. Flugzeug gerade nach vorne abwerfen.

2. Kunstflieger können kräftig nach vorne in die Flugbahn geworfen oder von unten nach oben mit einer runden Armbewegung gestartet werden.

3. Wenn das Flugzeug zu schnell Richtung Boden fliegt, schaffen hochgestellte Klappen Abhilfe.

4. Zu starkes Pumpen (Auf-Ab-Flug) kann man vermeiden, indem man die Klappen stufenweise zurücknimmt.

5. Kurven werden durch wechselseitig verstellte Klappen geflogen. Spricht der Flieger auf eine hochgestellte Klappe nicht an, muß sie vergrößert werden.

6. Flugzeug nach der Landung genau von vorne betrachten und prüfen, ob die Symmetrie stimmt.

7. Die Seitenführungen winkeln sich manchmal ungleichmäßig ab. Gegebenenfalls wieder sauber senkrecht bzw. leicht schräg stellen.

8. Ein perfekter Flug verlangt ein exaktes Umfalten.

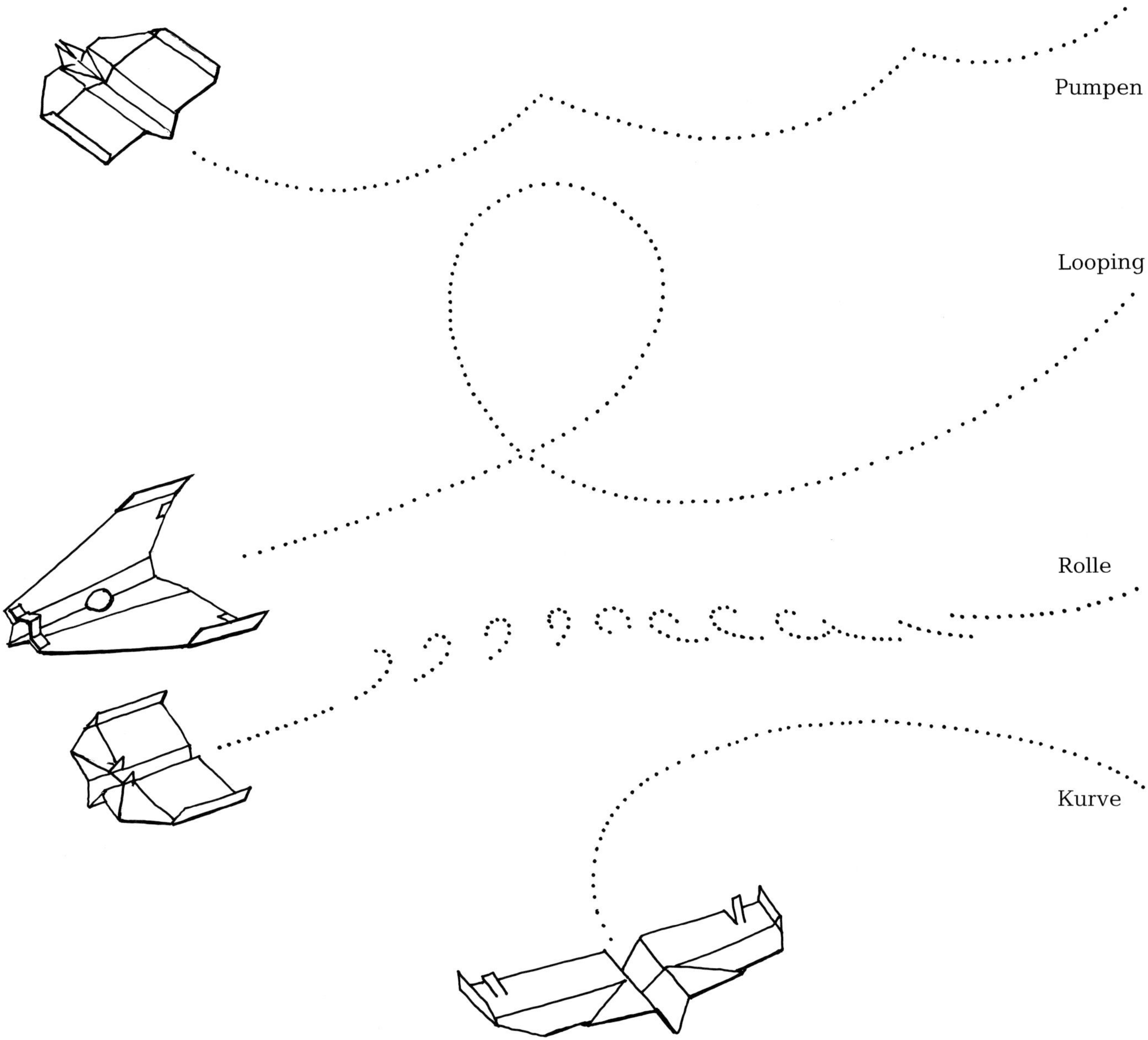
Pumpen
Looping
Rolle
Kurve

Gleiter und Flugobjekte

Nach den Papierfliegern folgen Flugmodelle unterschiedlichster Bauart. Sie unterscheiden sich von den gefalteten Fliegern insofern, als hier alle Tragflächen und Leitwerke auf ein Holzstäbchen oder eine Papierröhre aufgesetzt werden.

Material

Verschieden starke Wellpappen, Plakatkarton in verschiedenen Farben (weiß, rot, schwarz);
dünner Karton von Abfallkartonagen;
Regenbogenpapier, einseitig bedrucktes Schreibpapier, Packpapier, Fotokopierpapier, Tonpapier;
Fichtenholzleisten, 5 × 5 mm stark;
Holzkugeln, Wickelblei, Bleikügelchen;
Kunststofftrinkhalme, Holzrädchen, Draht;
haushaltsübliche Kleinteile, Bastelkleber und Alleskleber, Durchpauspapier

In Modellbaugeschäften, Bastelläden und Holzfachmärkten sind die benötigten Vierkantleisten erhältlich. Meist sind sie einen Meter lang. Wir haben die besten Erfahrungen mit Kiefer- oder Fichtenholzstäben gemacht, die einen Querschnitt von 5 × 5 mm aufwiesen.

Tonpapier, Regenbogenpapier und Plakatkarton (350 g) bieten Schreibwarengeschäfte an.
Dünnen Wellpappekarton bekommt man in Papiergroßhandlungen. Auch Faltschachteln, Versandkartonagen und hochwertige Wellpappen eignen sich für Tragflächen, wenn sie dünn und fest sind. Wellpappen fallen als Verpackungsmaterial fast in jedem Haushalt an. Von Billigkartonagen, die leicht knicken und dick sind, sollte man die Hände lassen.
Großwellige Pappe verwendeten wir nur für Detailkonstruktionen (Querstreben, Kufen, Verstärkungen, Abwurfgriffe).
Die Herstellung von Papierröhren, die als Rumpf verwendet werden, ist sehr einfach. In der Abbildung wird deutlich, wie man auf einfache Weise ein halbiertes DIN-A4-Blatt Schreibmaschinenpapier mit Hilfe zweier Buntstifte aufrollt und verklebt.

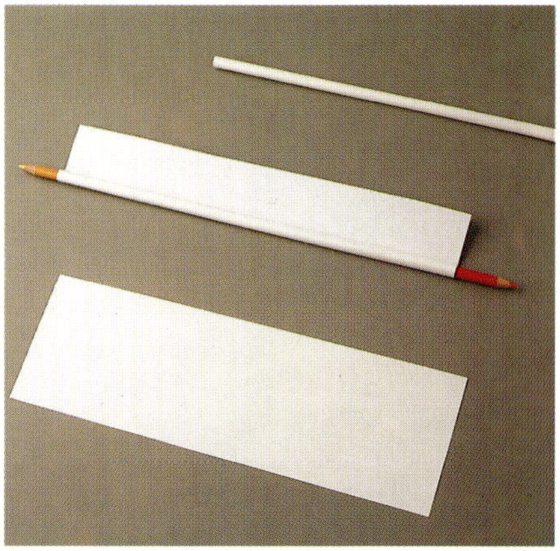

Der immer wieder quer zur Rollrichtung aufgetragene Kleber darf das Papier weder aufweichen noch wellen.

Trimmung

Flugzeuge ohne das richtige Gewicht an der Nase sind flugunfähig.
Wickelblei, Bleikügelchen und Holzkugeln zur Beschwerung der Flugzeugspitzen besorgt man am besten im Modellbaugeschäft. Wickelblei wird in kleinen Platten angeboten und kann für die Trimmung mit einer alten Schere in handliche Streifen geschnitten werden. Eine Kombizange erleichtert das Anklemmen der Bleistücke am Stäbchen. Bleikugeln werden in leere Filzstifthülsen und/oder -kappen gefüllt und auf die Flugzeugspitzen gesteckt (Detailfoto).

Vorsicht: Blei von Kleinkindern fernhalten, eventuelles Verschlucken ist gesundheitsschädigend!

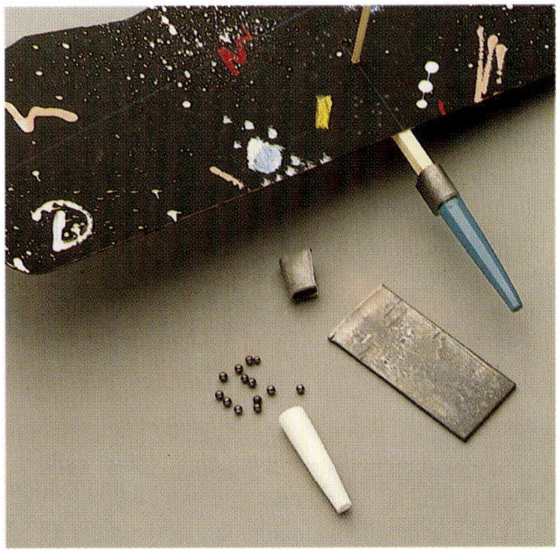

Besteht der Rumpf aus einer Röhre, so wird das Flugzeug mit passenden Filzstiften und Kugelschreibern getrimmt. Das abgerundete Ende bzw. die Druckmine zeigt dabei immer nach außen und wirkt beim frontalen Aufprall wie ein Stoßdämpfer. Der Trimmstift muß so streng im Röhrchen sitzen, daß man ihn gerade noch verschieben kann.

Klebstoffe

Kleben von Papier mit Alleskleber; Kleben von Karton, Pappe, Holz mit weißem Bastelkleber.

Zum Verkleben von Karton und zum Aufleimen der Tragflächen auf Holzleisten eignen sich nur wenige Leimsorten. Wer sicher gehen will, besorgt sich den weißen Pritt-Bastelkleber. Vergleichbare Eigenschaften haben Ponal Express, UHU Bastelkleber und UHU Coll.
Andere Sorten sollte man zuerst ausprobieren. Der Kleber muß nämlich sehr gute Hafteigenschaften besitzen, weil die Kontaktflächen klein sind. Klebestifte erwiesen sich als unbrauchbar!
Für das mehrschichtige Verkleben von Papier (Tragflächen) muß man klarsichtigen Tubenklebstoff verwenden, der das Papier nicht wellt, z. B. UHU Alleskleber. Je enger der Klebstoff in waagrechten Linien aufgetragen wird, desto steifer ist später die Tragfläche (Foto rechts).
Dickes Schreibmaschinenpapier, Zeichenblockpapier und Regenbogenpapier eignen sich für diesen Zweck.

Werkzeuge und Hilfsmittel

Schere und Schneidemesser (Cutter) sind neben Geo-Dreieck, Lineal und Bleistift die wichtigsten Utensilien, die für das Gelingen der Arbeit entscheidend sind. Profischneidemesser mit Abbrechklingen eignen sich für Papier, Karton und sogar Pappe. Sie sollten immer am Lineal sauber anliegend entlanggleiten. Die Klinge muß bei jedem Schneidevorgang ganz scharf sein.
Falls eine Kartonschere vorhanden ist, sollten Kinder diese benutzen. Allerdings müssen die Flächen auch mit der Schere äußerst sorgfältig ausgeschnitten werden.
Bei runden Formen empfiehlt es sich, das Messer freihändig und ganz langsam zu führen. Als Schneideunterlage sind fester Graukarton oder eine Glasscheibe geeignet.
Eine Bügelsäge oder auch eine Laubsäge dienen zum Ablängen der Holzstäbe, notfalls tut es auch ein Teppichmesser.

Ein stabiles, langes Lineal (mindestens 30 oder 40 cm lang) und ein größeres Geo-Dreieck mit Querlinien sind unentbehrlich.
Auf Werkzeuge, die nur in einigen wenigen Fällen gebraucht werden, wird in der jeweiligen Bauanleitung hingewiesen.

Sicherheitshinweis: Es ist darauf zu achten, daß Kinder nicht ohne Aufsicht und Hilfe Erwachsener die angegebenen Schneidewerkzeuge benutzen.

Bauanleitungen

Im Vorlagenbogen sind Tragflächen, Leitwerkteile, Abwurfgriffe usw. originalgroß aufgezeichnet. Man kann sie auf den vorbereiteten Karton bzw. das Papier übertragen. Dafür gibt es eine einfache Methode: das Durchpausen. Eine andere Möglichkeit ist das Durchstichverfahren. Man legt den Vorlagenbogen auf den Karton und sticht mit dem Zirkel die wichtigsten Punkte eines Bauteils durch. Während dieser Arbeit darf nichts verrutschen.
Danach entfernt man den Vorlagenbogen und verbindet die Punkte mit einem Lineal. Runde Formen müssen durchgepaust werden.
Selbstverständlich können alle Formen auch nach den angegebenen Maßen frei aufgezeichnet werden.
Achtung: Bei Tragflächen müssen grundsätzlich die Mittellinien mitgezeichnet werden.
Vor jeder Bauanleitung steht eine Übersicht, in der die wichtigsten Materialien und Hilfsmittel angegeben sind. Einige werden im Text selbst erst genannt.
Routinierte Fliegerbauer wissen, daß die Materialangabe eingehalten und sorgfältig nach der Anleitung gebaut werden muß.

Fluganleitung

Gleiter und Flugobjekte werden sanft gestartet oder sehr kräftig abgeworfen, immer aber in einer geraden Linie nach vorne. Wenn die Trimmung stimmt, entstehen weite Gleitflüge geradeaus oder in einigen Fällen auch Flugfiguren. Sollen jedoch Kurven geflogen werden, so muß man das Leitwerk des Flugzeugs verstellen können. Zwei Lösungen sind auf dem Detailfoto abgebildet. Sie sind im Prinzip auf jeden Flugzeugtyp anwendbar: Eine einfache Perforierung ermöglicht verschiedene Steuerstellungen. Das zweigeteilte Ruder ist wie ein Scharnier aufgebaut. Ein Stück von einem Schaschlikstäbchen wird von oben in die Rillen gesteckt und nach unten geschoben.

Kurven und Schleifen zu fliegen, wie bei echten Flugzeugen, erfordert das Anbringen von Querrudern an der Haupttragfläche. Das sind Klappen, die nach unten oder nach oben verstellt werden können. Je breiter sie sind und je weiter außen sie liegen, desto größer ist der Wirkungsgrad. Soll beispielsweise eine Rechtskurve geflogen werden, so muß man das Seitenruder nach rechts drehen, die linke Klappe nach unten und die rechte nach oben. Aber Vorsicht: Zu starker Einschlag führt zur Übersteuerung und damit zum seitlichen Absturz des Flugzeugs.

Starts, Flug und Landungen

Gute Thermik (warme, aufsteigende Luft bei schönem Wetter) und Windstille sind günstige Voraussetzungen für einen erfolgreichen Flug.

Die Segelflieger Sea-Cloud, Artisto, Match, Leonardo, Fledermaus und der Doppeldecker Albatros müssen von erhöhten Abwurfpunkten (Hangkante, Berg, Balkon) gestartet werden, damit sie weit fliegen können.

Blue Jet, Recyclo, Discovery und Styx werden kräftig nach vorne abgeworfen. Während des Abwurfs darf die Hand keinen Bogen beschreiben.

Blue Jet und Recyclo mögen auch Wind. In ihm steigen sie manchmal hoch auf und beschreiben Kurven und Loopings.

Absturzursachen

Höhenruder müssen absolut waagrecht oder leicht nach vorne geneigt angebracht sein.

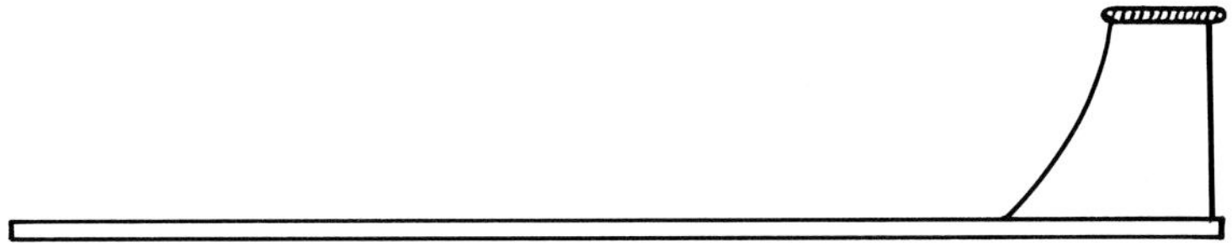

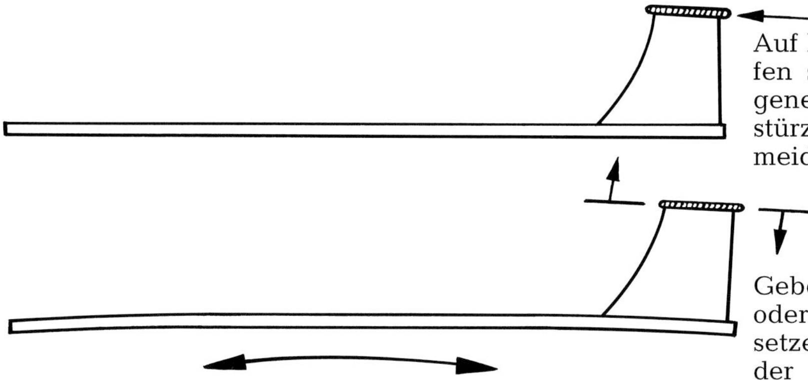

Auf keinen Fall dürfen sie nach hinten geneigt sein! Abstürze wären unvermeidlich.

Gebogene Stäbchen oder Röhrchen versetzen das Höhenruder und auch die Haupttragfläche in eine unbrauchbare Schräglage.

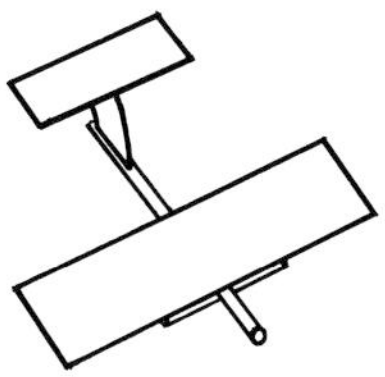

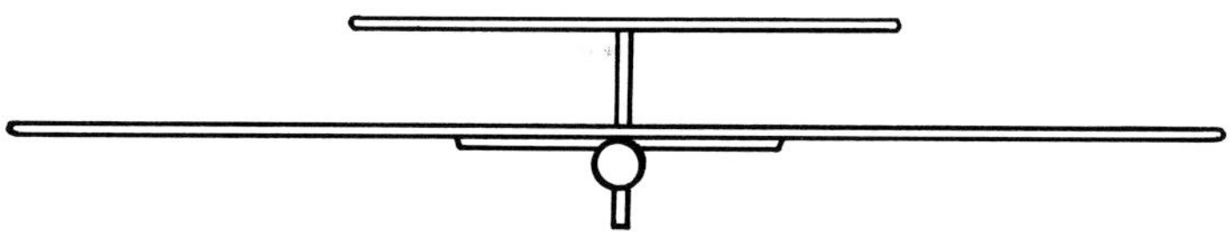

Symmetrie

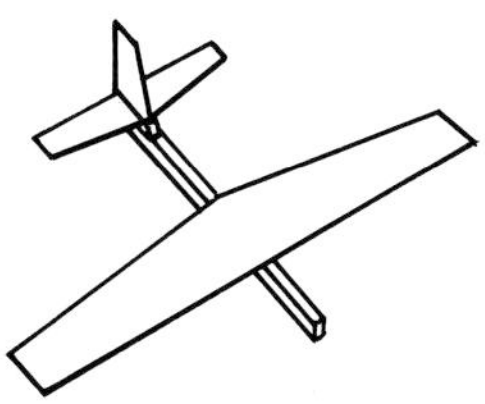

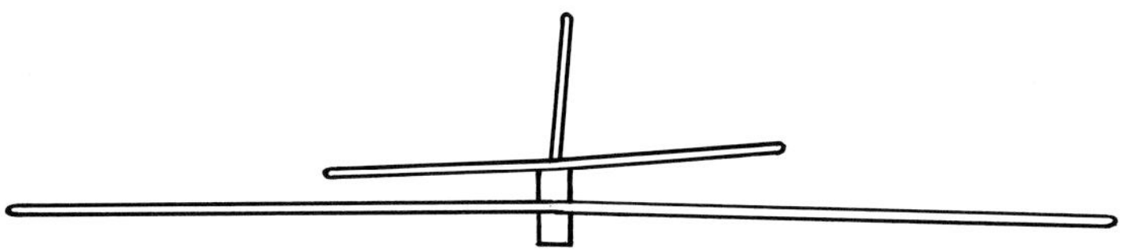

Asymmetrie und verzogene Tragflächen haben Abstürze zur Folge.

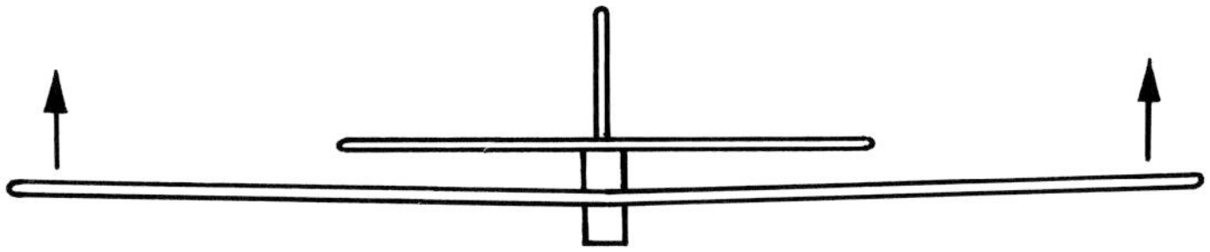

Leicht nach oben „gewinkelte" Tragflächen verbessern die Flugfähigkeit (Blue Jet, Fledermaus).

Wenn ein Flugzeug zu schnell Richtung Boden fliegt, ist es vorne zu schwer. Trimmgewicht verringern!
Vor dem Start muß die Symmetrie geprüft werden: Von vorne auf das Flugzeug schauen und kontrollieren, ob das Leitwerk in der Waagrechten bzw. Senkrechten hinter der Tragfläche liegt. Die Tragfläche selbst darf nicht verzogen sein.

Geringe Materialabweichungen und Formveränderungen an den Modellen müssen nicht unbedingt zu schlechteren Flugergebnissen führen. Allerdings zeigt hier der Flugtest, ob Nachbesserungen notwendig sind.
Nachlässig gebaute Flieger, ungeschickte Abwürfe und geringe Flugkenntnisse verursachen häufig Abstürze.

Sicherheit

Die Abbildung zeigt eine Auswahl von Möglichkeiten, die

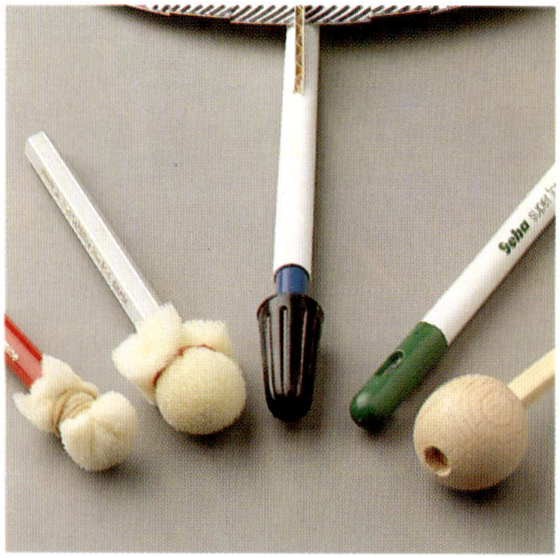

Flugzeugspitzen rund oder weich zu gestalten.

Der Flugbereich muß immer frei von Hindernissen sein, die beschädigt werden könnten.
Selbstverständlich darf niemand im Flugbereich stehen. Man muß auch selbst aufpassen, weil manchmal (bei Wind) die Flieger zurückkommen.

Schwalbe

Material
Schreibmaschinenpapier, Briefbögen, Fotokopien mit Mustern, Filzstifte, Buntstifte

Wer kennt ihn nicht, den beliebten Klassiker aller Papierflugzeuge? Die Schwalbe hat schon viele Schülergenerationen „beschäftigt", und sie wird in den Pausenhöfen auf der ganzen Welt geflogen.

Der Faltvorgang sieht nicht ganz einfach aus. Jeder Schritt erfordert eine scharfkantige Faltung (Fingernagel)! Aber man wird reichlich entschädigt, weil die Schwalbe sehr verläßlich fliegt.

Schreibmaschinenpapier, aber auch beschriebene Blätter aus Mathe-Heften und Notizblöcken liefern Nachschub für diesen Dauerbrenner. Edler sind ausgewählte Papiere! Bedruckte Briefbögen, selbstgemalte Muster und ausgefallene Buntpapiere setzen Farbtupfer am Papierfliegerhimmel.

Grundfaltung für Schwalbe und Schwarz und Weiß

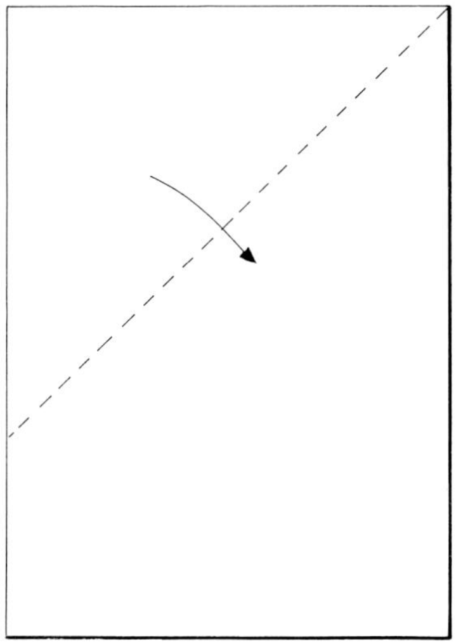

1 Ecke bündig nach rechts und zurück

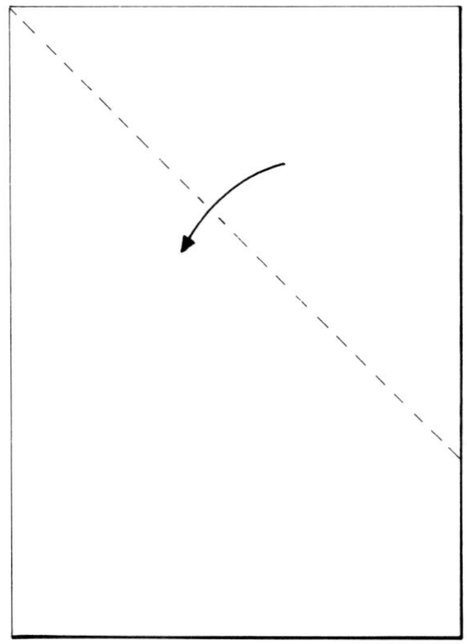

2 Rechte Ecke nach links und zurück

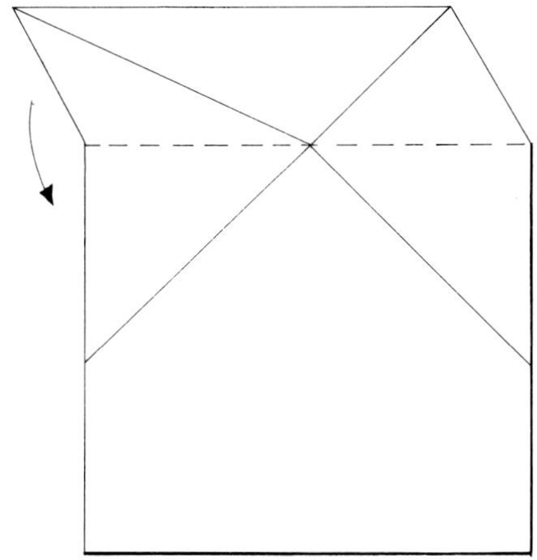

3 Oberen Teil über den Schnittpunkt nach unten

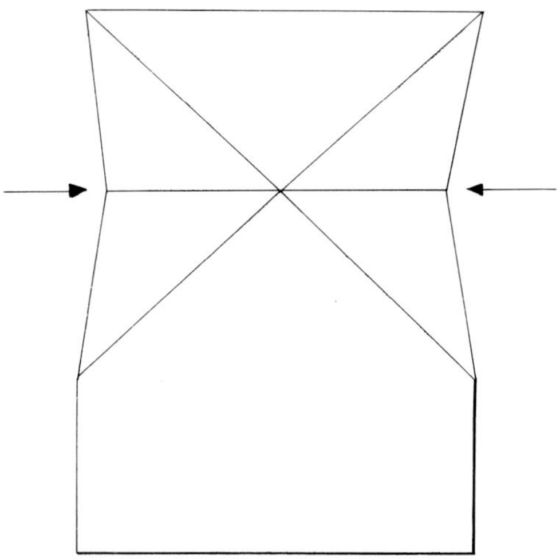

4 Beidseitig fassen und Außenkanten zur Mitte führen

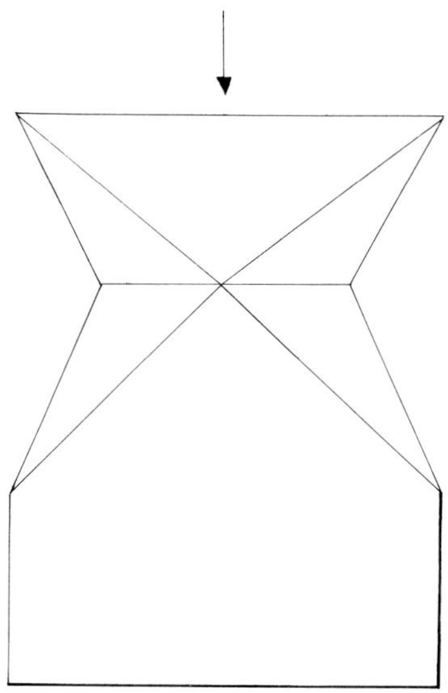

5 Gleichzeitig nach unten in die vorgefalteten Linien drücken

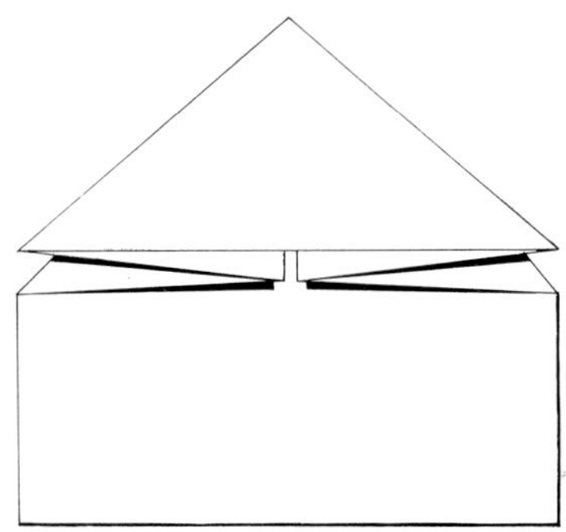

6 So entsteht diese tütenähnliche Konstruktion

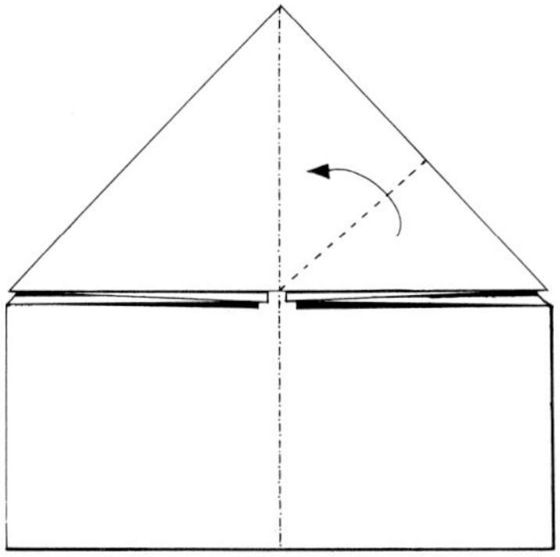

7 Mittellinie falten und wieder zurück. Rechte Ecke zur Mitte umlegen

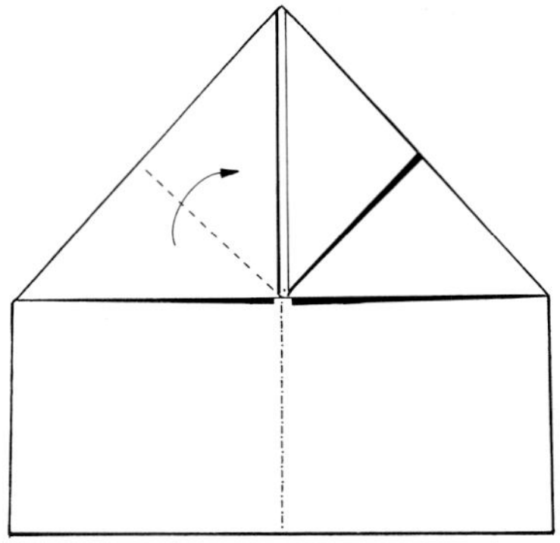

8 ...auch die linke

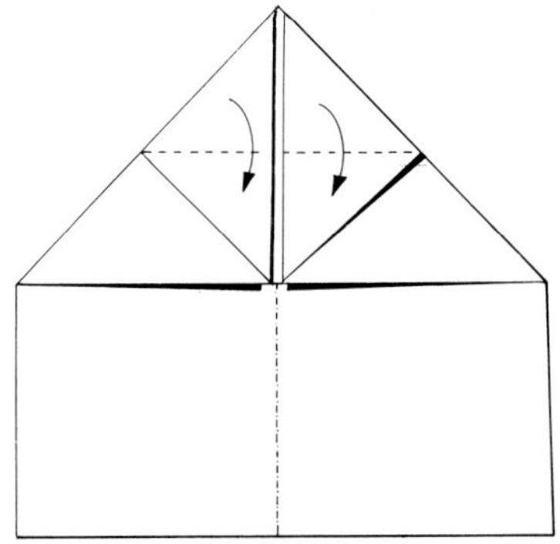

9 Spitze nach hinten falten und wieder zurück

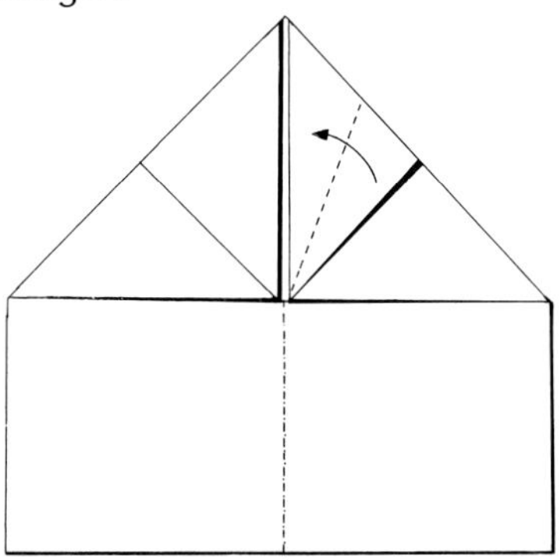

10 Rechtes Dreieck nach oben zur Mitte hin falten und wieder zurück

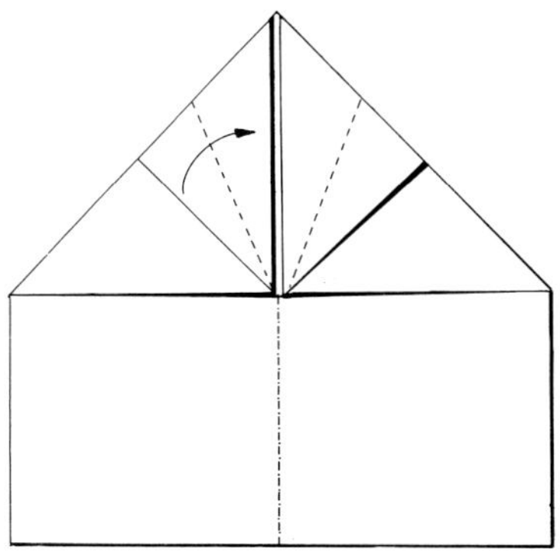

11 ...auch das linke

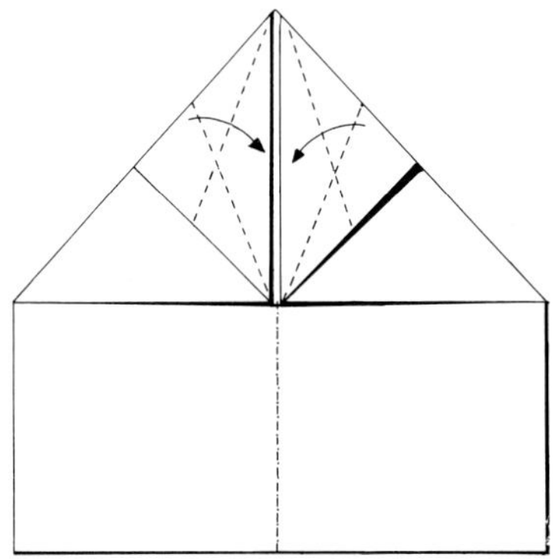

12 Beide Dreiecke nun nach unten zur Mitte hin falten und wieder zurück

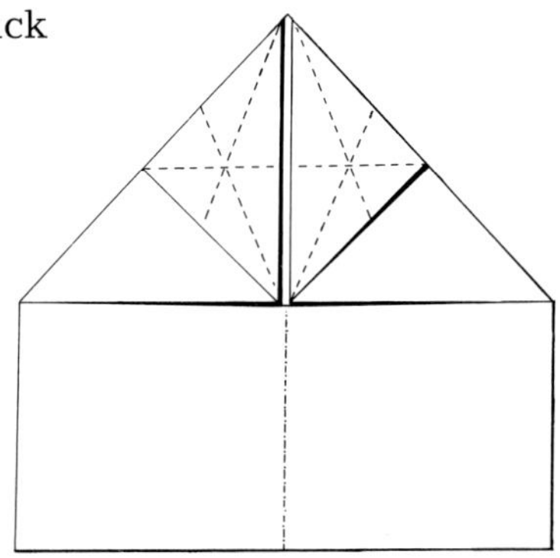

13 Inzwischen ist dieses Faltmuster entstanden

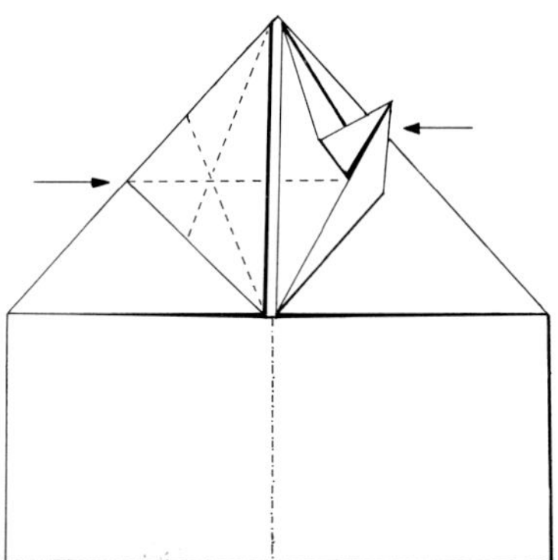

14 Nun beide Ecken so einfalten

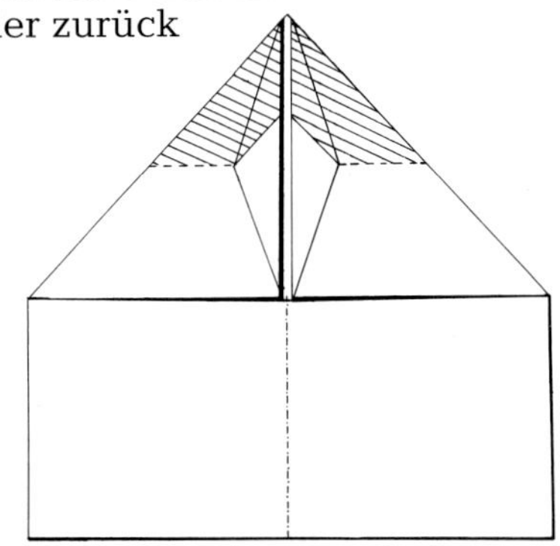

15 An der gestrichelten Linie wird der obere Spitzenteil (schraffiert) nach hinten geklappt

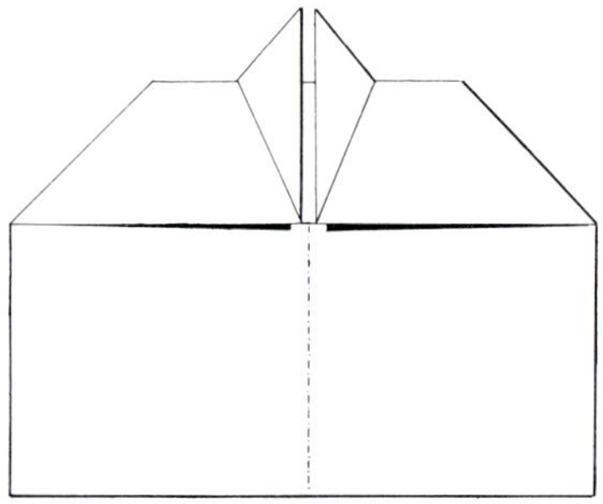

16 Nun stehen die kleinen Spitzen ganz frei

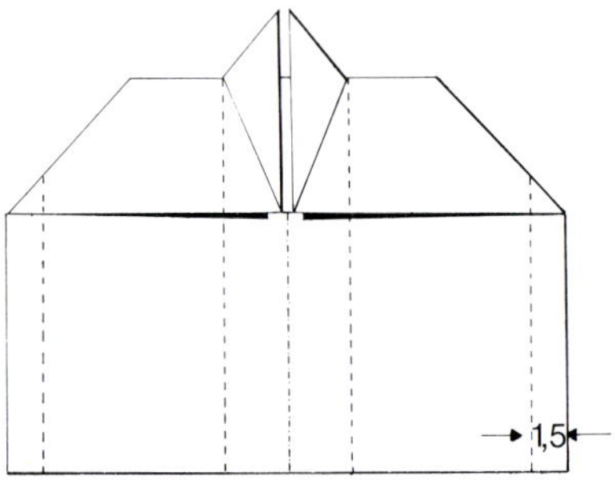

17 Nochmals in der Mitte falten und dann die Flügel an den Strichlinien umlegen

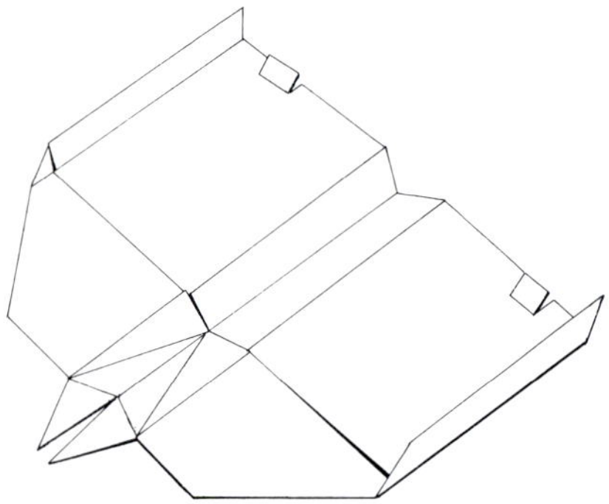

18 Den fertigen Flieger farbig ausgestalten und eventuell Flugklappen einschneiden

Schwarz und Weiß

Material
Schreibmaschinenpapier, schwarzes Tonpapier (DIN-A4), weiße Tusche oder Deckweiß, Pinsel, evtl. Farben aus der Tube, Filzstifte

Experimentierfreudige Piloten haben sicher Spaß an diesem Faltflieger. Er schwirrt pfeilschnell ab, kann aber auch sanft durch die Lüfte gleiten. Man sollte ihn zunächst aus verschiedenen Papiersorten (DIN-A4) falten und Flugversuche unternehmen. Je nach Gewicht und Spannung (Festigkeit) des Papiers entstehen unterschiedlichste Flugfiguren, wie etwa Loopings und Rollen. Er muß dazu allerdings kräftig abgeworfen werden, am besten im Freien. Mit hinten eingeschnittenen, wechselweise verstellten Klappen führt der kleine Luftakrobat weitere Flugvarianten aus. Wirft man ihn kräftig senkrecht in die Luft, so geht er am höchsten Punkt in den Gleitflug über und segelt – meist auf dem Rücken – über eine weite Distanz. Mit Geduld muß man die verschiedenen Möglichkeiten austesten. Aber Vorsicht: Immer wieder die Symmetrie des Flugzeugs prüfen (saubere Flügelstellung) und eventuell die verstellten Seitenführungen nachfalten. Mit Farbschraffuren, Schriftzeichen und selbsterfundenen Mustern sieht die helle Version dieses Fliegers gut aus. Auf schwarzem Untergrund wirken weiße Spritzer aus dem Tuscheglas und direkt aus der Tube gedrückte Farbe originell.

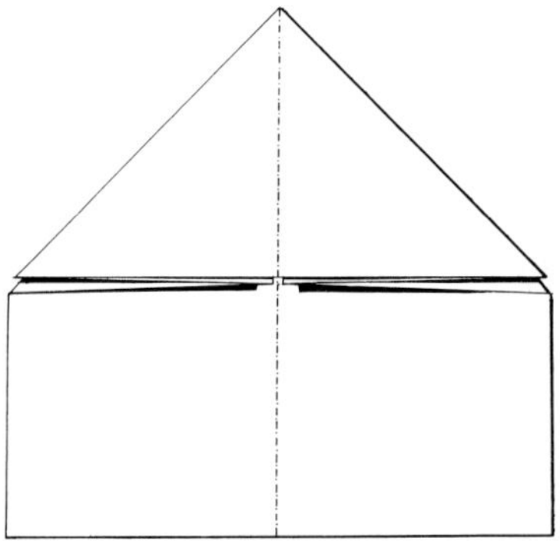

1 Grundfaltung (Seite 14) in der Mitte falten und wieder zurück

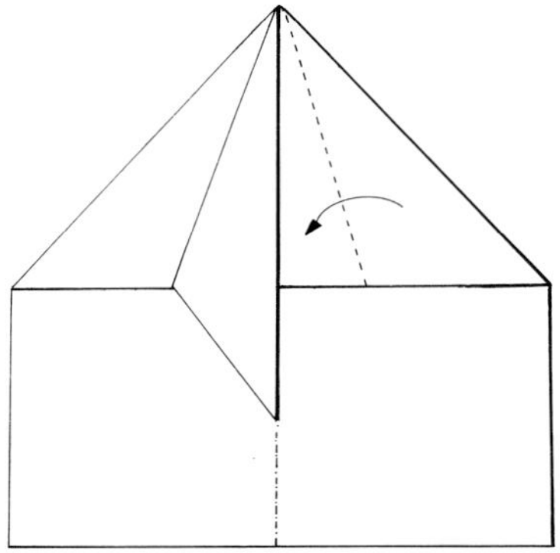

2 Linke Ecke zur Mitte, rechte ebenso

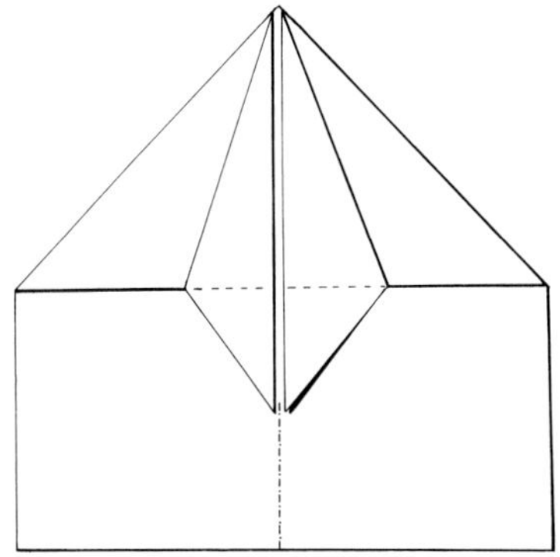

3 An der gestrichelten Linie beide Spitzen sauber falten

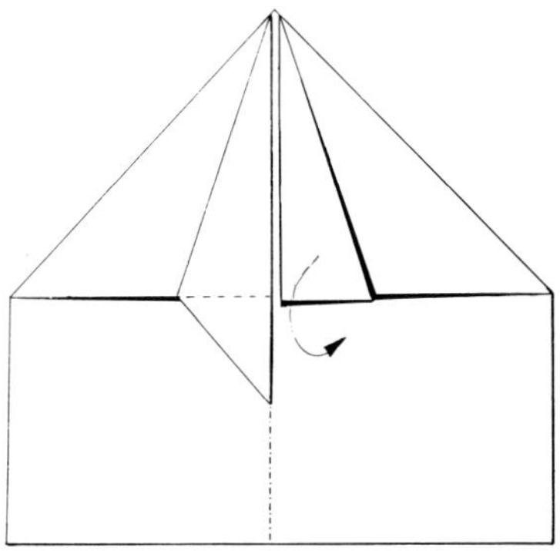

4 ...und in die obere Tasche hineinschieben. Vorsicht: Nicht ganz unten!

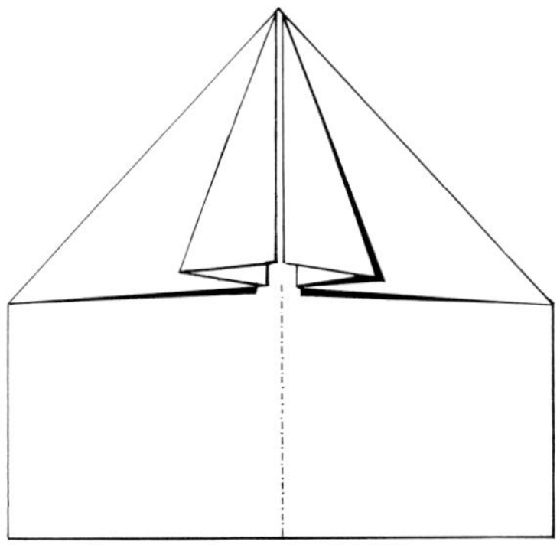

5 So entsteht diese tütenähnliche Konstruktion

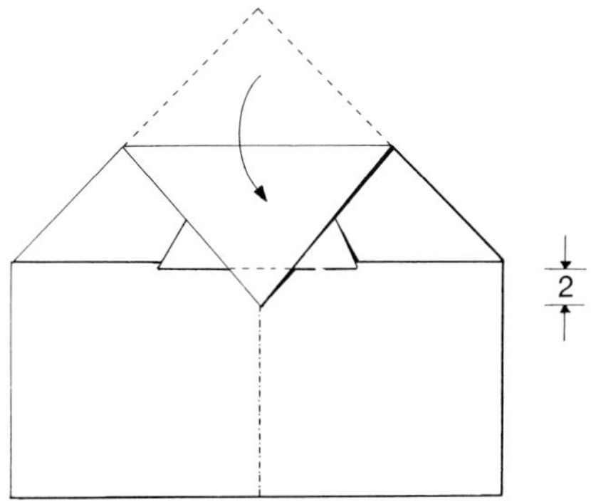

6 Nun die Nase nach hinten, mit 2 cm Überschlag, falten

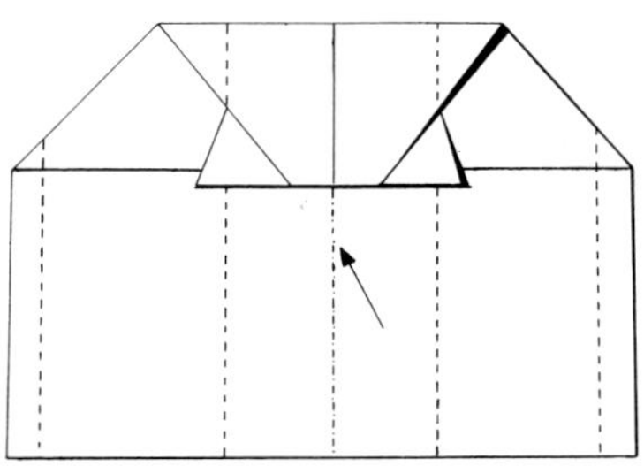

7 Spitze nach innen einfalten und den Flieger in der Mitte umlegen

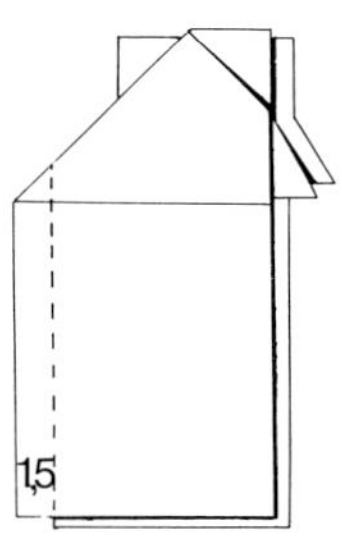

8 Nun die Flügel so nach außen falten, daß die kleinen Spitzen überstehen

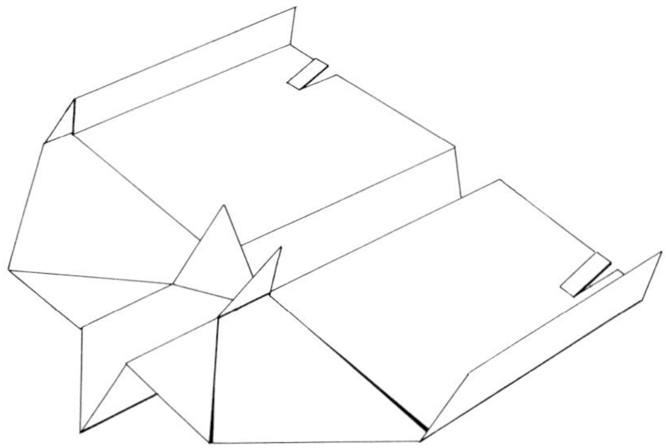

9 Flugzeug so auffalten und Klappen nur bei Bedarf einschneiden

Strandgleiter

Material
Festes Schreibmaschinenpapier, Briefbögen oder Fotokopien, Filzstifte, Buntstifte o. ä.

Der Strandgleiter ist ein aus dem Querformat (A4) gefalteter Flieger mit großer Spannweite. Ob er sich auch in der steifen Brise größerer Gewässer in der Luft hält, muß man selbst ausprobieren. Bei Windstille fliegt er jedenfalls auch im Freien sehr gut. Eine besondere Eigenart dieses Gleiters: Bei leichteren Papiersorten entstehen flügelschlagähnliche Bewegungen während des Fluges.

Beim Abwurf müssen die Tragflächen ganz waagrecht stehen! Wenn das Flugzeug zu stark pumpt, wird die Bremsfalte (hinten) zurückgenommen. Eventuell auch die Klappen waagrecht stellen.

Geht der Strandgleiter mit der Nase zu schnell nach unten, dann werden die Klappen hochgestellt, gegebenenfalls sogar vergrößert. Die Bugfalte (Vorderkante, unten) muß ab und zu nachgefalzt oder verklebt werden.

Es ist ratsam, für die Faltung festere Schreibmaschinenpapiere oder Fotokopien zu verwenden, da sie die Spannung gut halten. Mit Filzstiften, Buntstiften und Wachsmalkreiden kann man die Tragflächen gestalten.

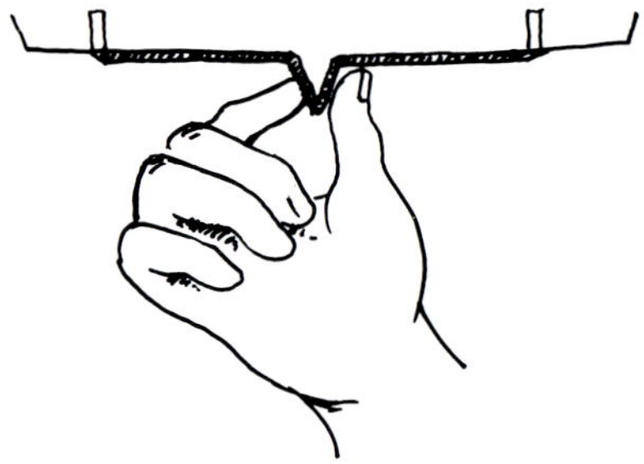

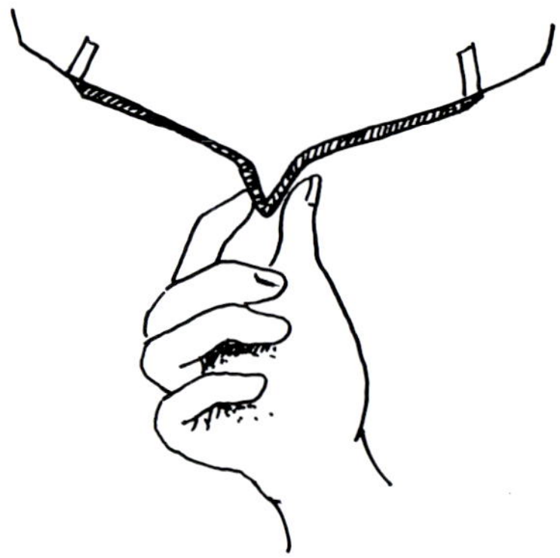

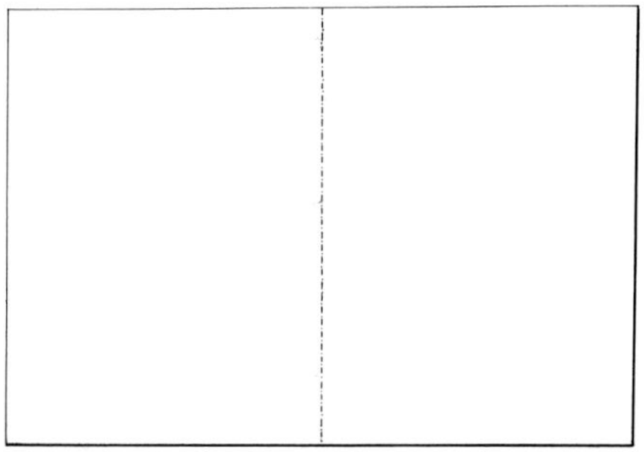

1 Das querformatige Blatt in der Mitte falten und wieder zurück

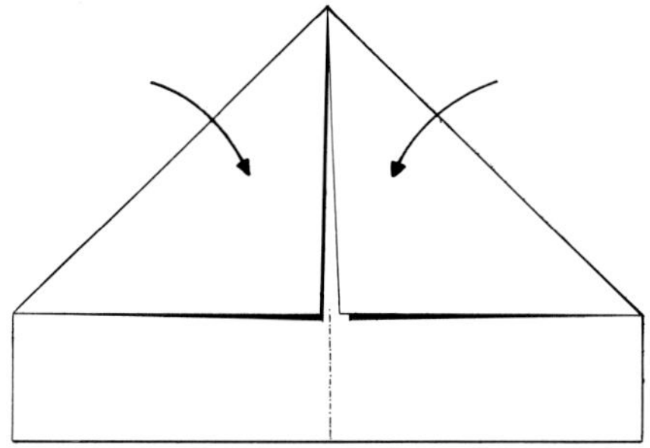

2 Linke und rechte Ecke zur Mittellinie falten

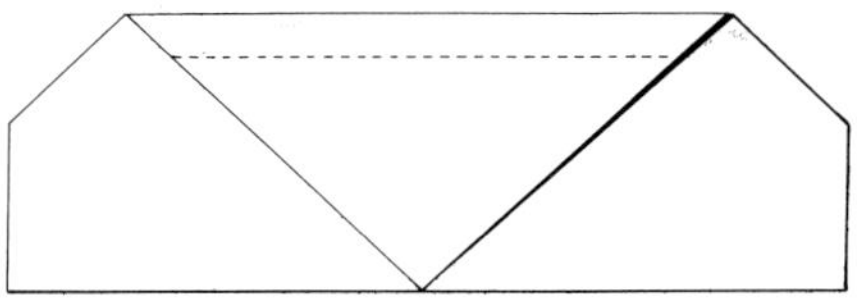

3 Das Blatt umdrehen und die Spitze nach unten falten. An der Strichlinie mit Hilfe von Lineal und Scherenspitze vorrillen!

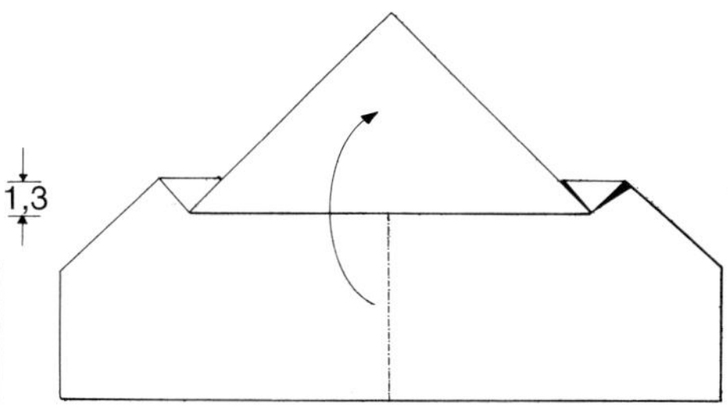

4 Die Spitze nun nach oben falten

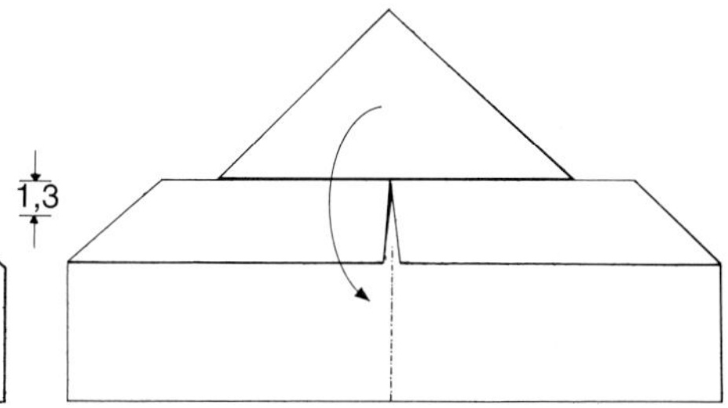

5 Blatt umdrehen und die Spitze nach unten falten

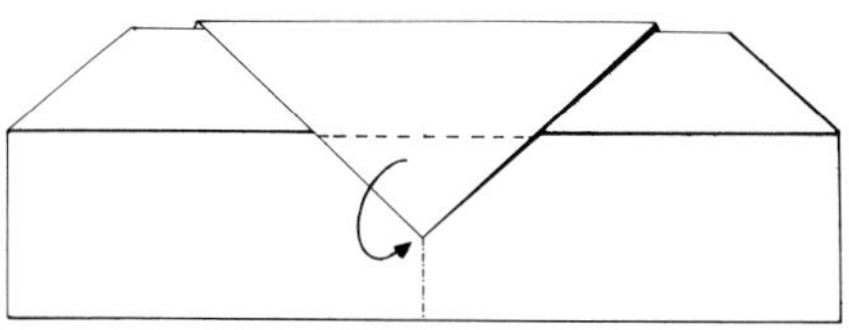

6 Spitze nach innen einschlagen

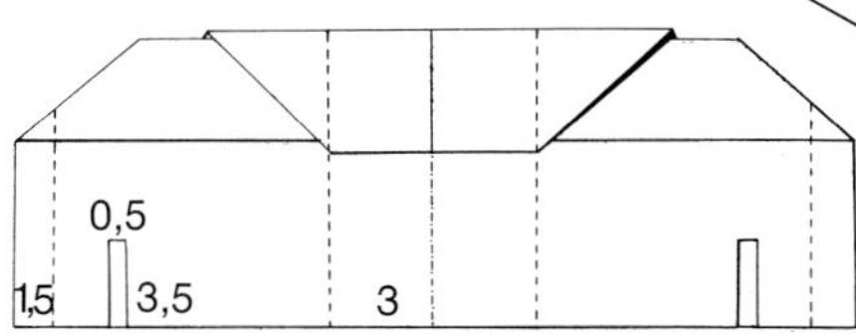

7 Flügel an den Strichlinien falten und Flugklappen einschneiden

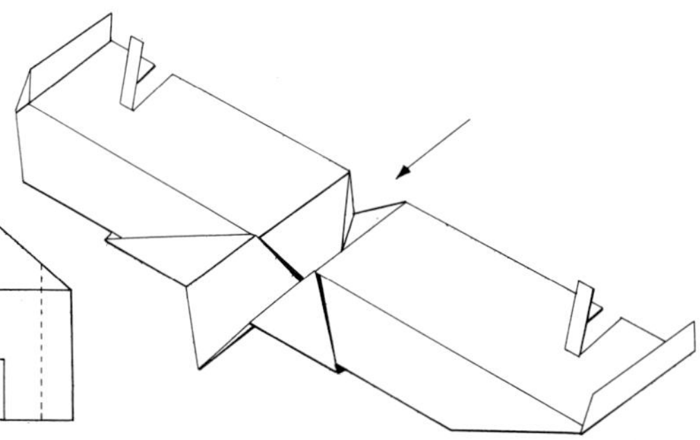

8 Klappen einschneiden und eventuell hinten eine Bremsfalte anbringen

Fliegende Maske

Material
Schreibmaschinenpapier, farbige Fotokopien, kleine Buntpapierstücke

Die Maske wird aus einem Blatt Papier (DIN-A4) gefaltet. Vorne erhält sie ein Gewicht durch einen doppellagigen Papierstreifen, der 7,0 × 1,5 cm mißt. Wenn die Maske zu schnell zu Boden geht, werden die Flugklappen hochgestellt.

Das unten eingeschnittene Loch hat den Durchmesser eines Zweimarkstückes. Die Münze kann man als Schablone benutzen: Dazu einen Halbkreis auf der Rumpffalte aufzeichnen und mit einer kleinen Schere ausschneiden! Der Haltepunkt beim Abwurf liegt etwa 1 cm vor dem Loch auf der Unterseite. Spiralen und Schleifen zieht die Maske, wenn sie von Türmen und hohen Gebäuden aus gestartet wird. Dabei muß eine der Klappen höhergestellt sein als die andere. Sehr elegante Weitflüge absolviert die Maske, wenn die Seitenführungen nach unten gefaltet werden. Zwischen den Flügen immer wieder die Symmetrie des Flugzeugs prüfen und eventuell die Seitenführungen gerade stellen.

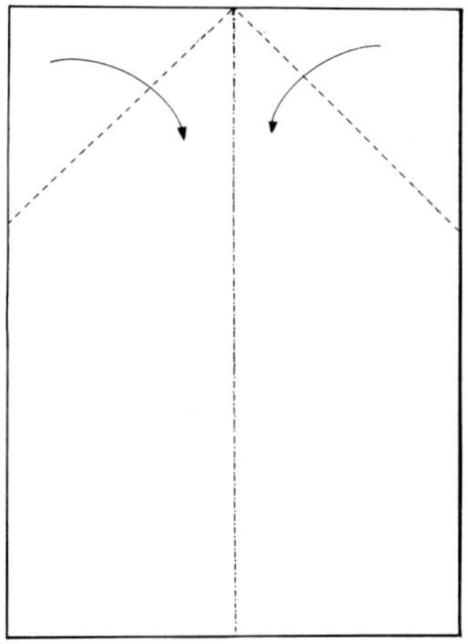

1 In der Mitte falten und zurück. Beide Ecken zur Mitte!

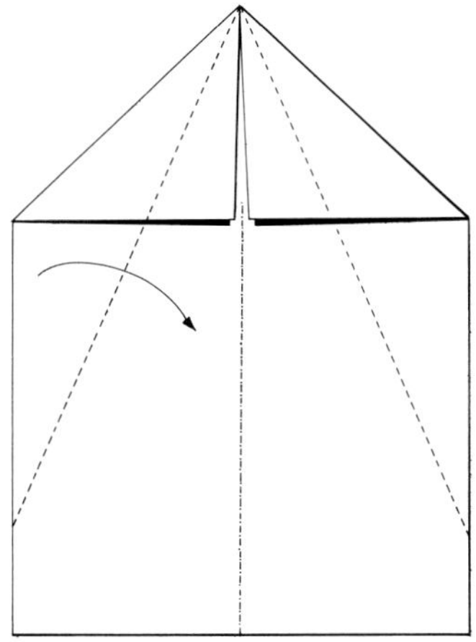

2 Nun wie dargestellt weiterfalten

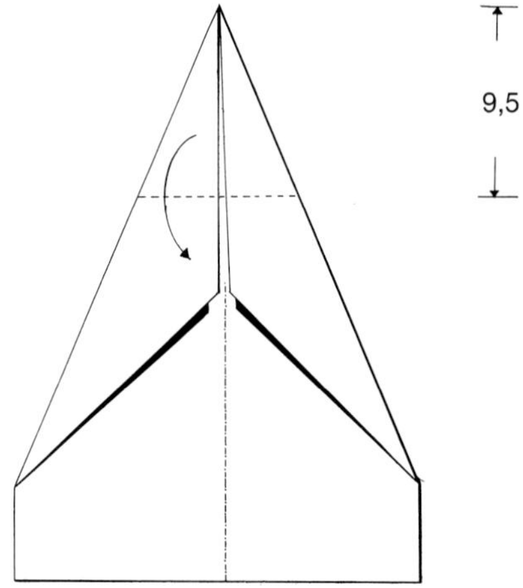

3 Die Spitze nach unten umlegen

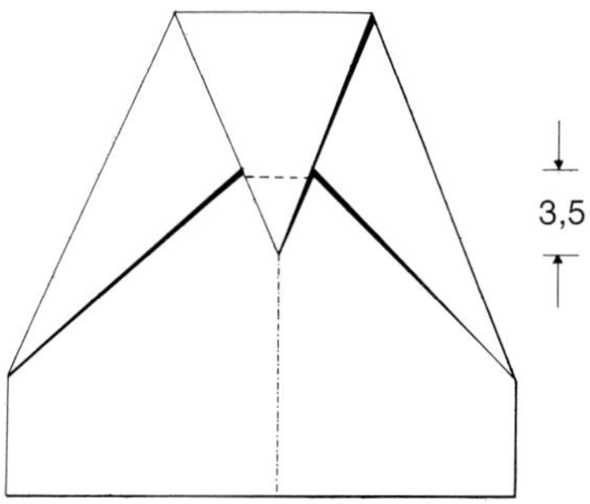

4 Die kleine Spitze jetzt nach innen einschlagen

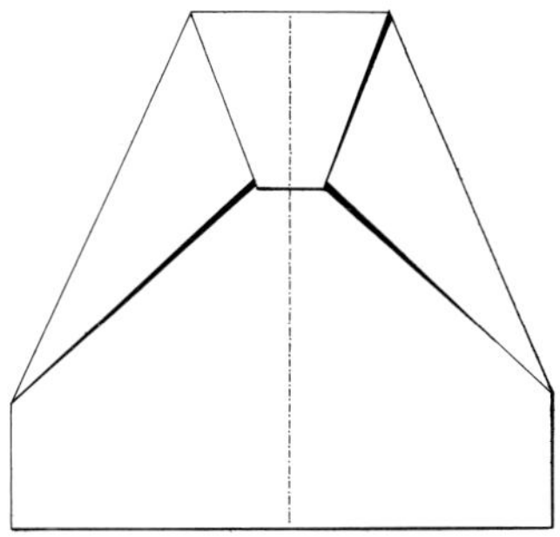

5 Das Blatt nun umdrehen und fest in der Mitte falten

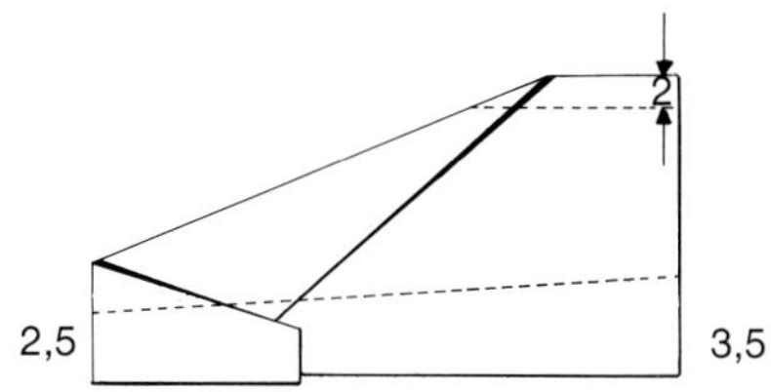

6 Danach sieht der Flieger von der Seite so aus. Faltlinien aufzeichnen und sauber falzen

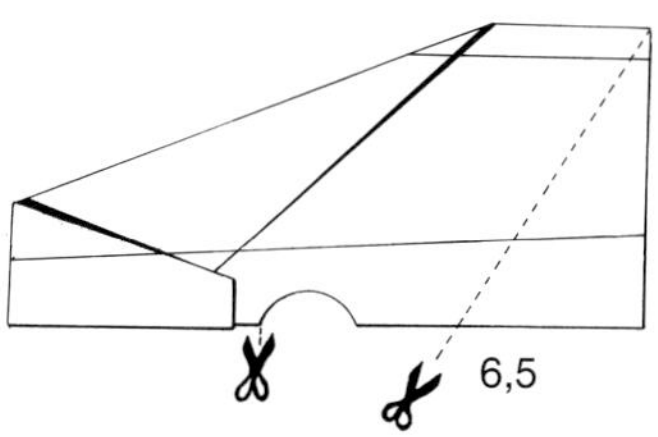

7 Das Heck wie angegeben zuschneiden und das Luftloch einschneiden

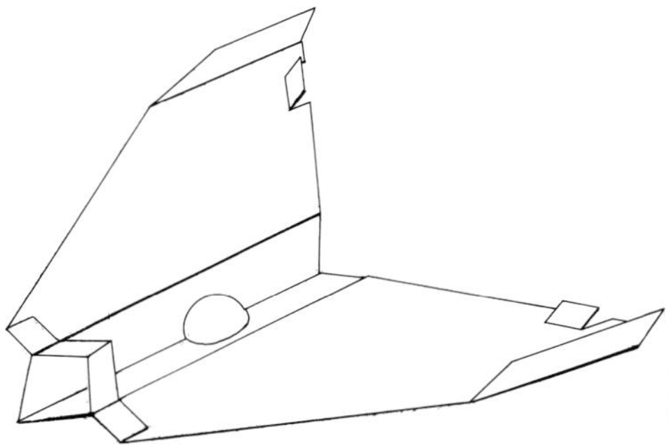

8 Flugklappen einschneiden und Papierband auf die Nase kleben

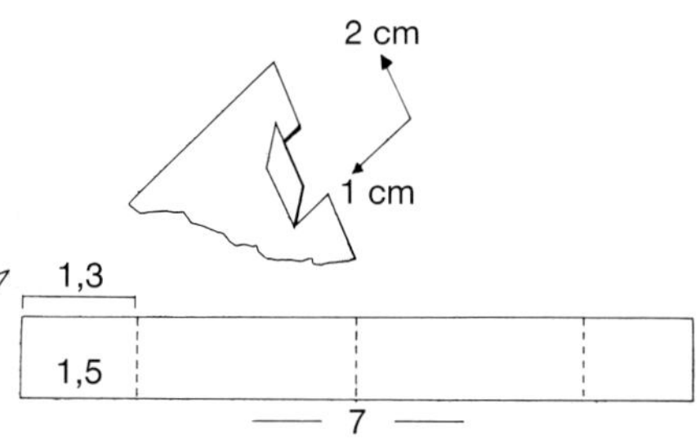

9 Klappenmaße und doppellagig verklebtes Papierband

Möwe

Material
Zeichenblock DIN-A3, bedrucktes Papier DIN-A4, Deckfarben, Pinsel

Für die abgebildeten Flugzeuge verwendeten wir auf Briefbogenformat (DIN-A4) zugeschnittene Zeichenblockblätter und/oder bedrucktes Papier. In der Stärke und Qualität müssen diese allerdings dem üblichen Schreibmaschinenpapier entsprechen. Jede Möwe besteht aus zwei Teilen, aus der gefalteten Tragfläche und dem Leitwerk, das unter die Bugfalte eingeschoben wird. Eigene Motive entwirft man zunächst mit Wasserfarben auf dem Zeichenblock (Farbverläufe, Wellen, Segel usw.). Das gestaltete Blatt bleibt aber so lange im Block eingespannt, bis es wieder ganz trokken und glatt ist.
Das Leitwerk fertigt man nach der Zeichnung im Vorlagenbogen an und faltet es entlang der gestrichelten Linien.
Wenn das Flugzeug bei den ersten Testflügen zu sehr pumpt, muß das Leitwerk herausgenommen und vorne etwas gekürzt werden. Diesen Vorgang wiederholen, bis ein gleichmäßiger Flug erreicht ist.
Beim Abwurf müssen die Tragflächen ganz waagrecht stehen. Die Bugfalten (Vorderkante, Unterseite) sollten ab und zu nachgefalzt werden.

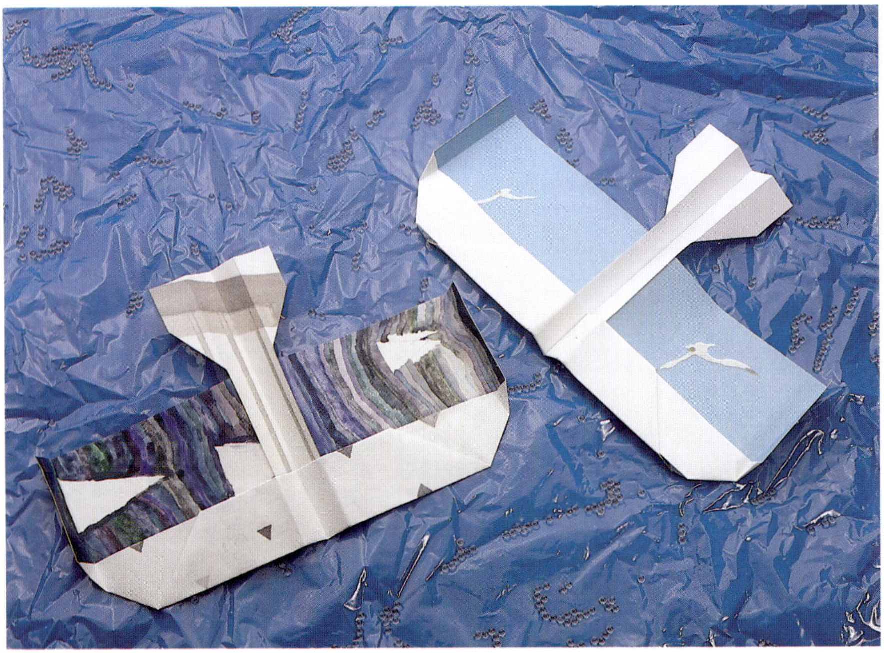

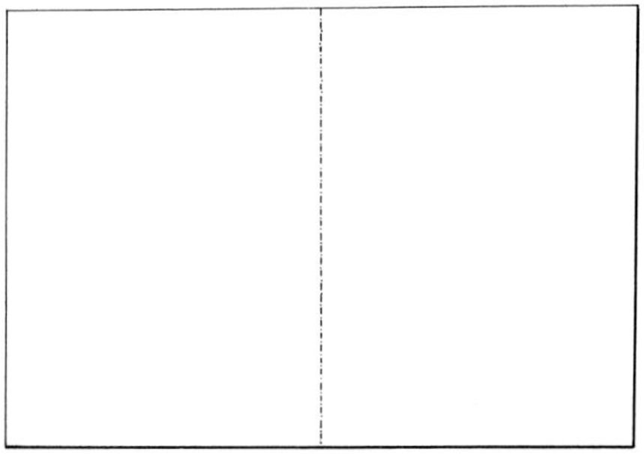

1 Blatt im Querformat an der Mittellinie falten und wieder zurück

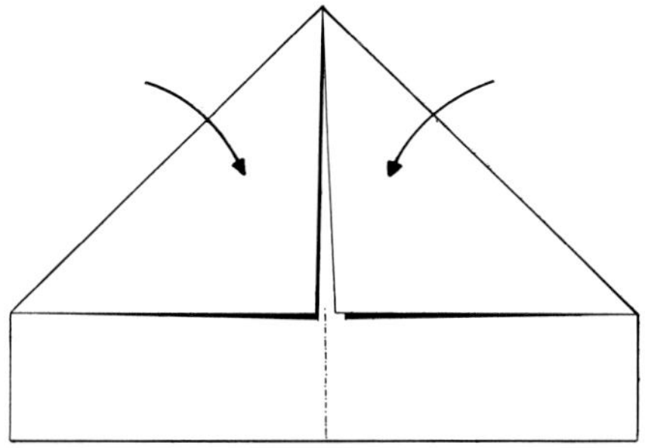

2 Die Ecken zur Mittellinie falten

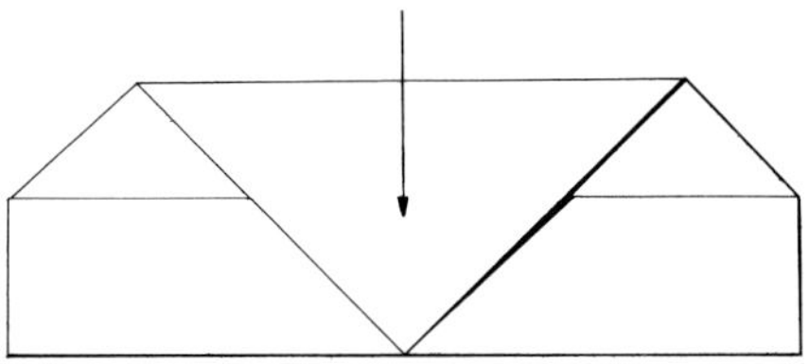

3 Spitze nach unten falten

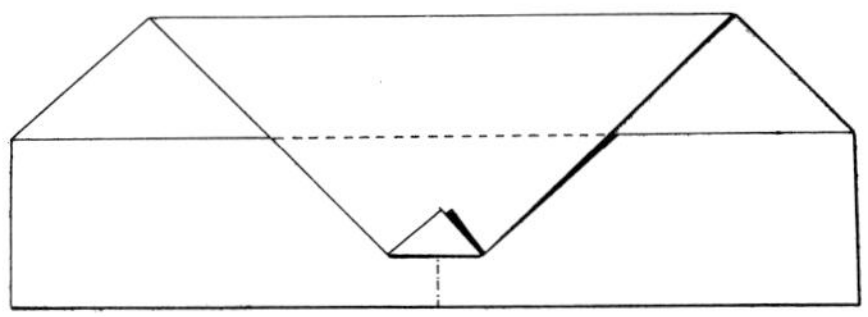

4 Kleine Spitze 1,5 cm nach vorne umschlagen

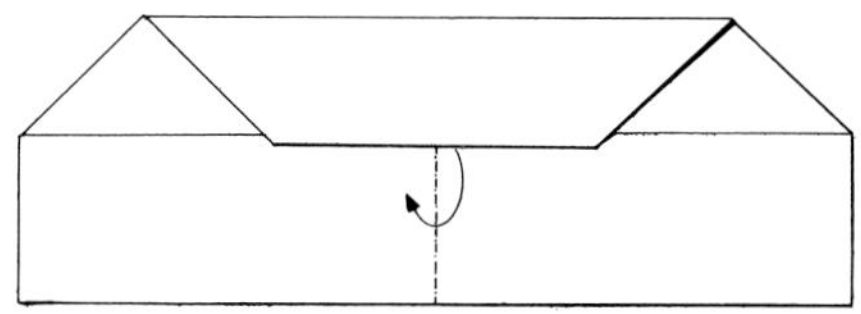

5 Nun das Ganze nach innen hineinfalten

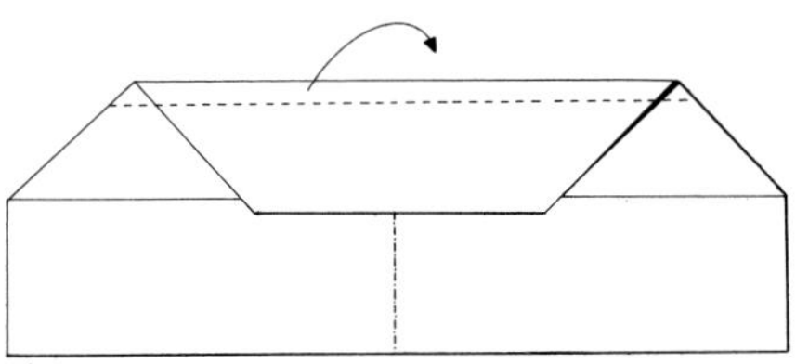

6 Vorne 1 – 1,3 cm breiten Randstreifen nach hinten umlegen. Sehr scharfkantig falzen und ankleben

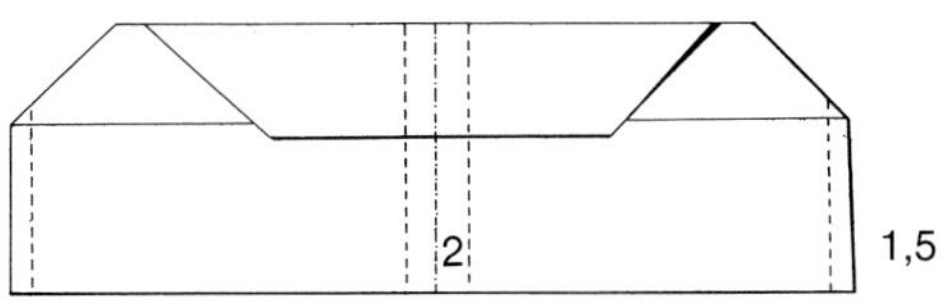

7 Flügel und Seitenführungen falten. Die Flügel lassen sich leichter falten, wenn mit Scherenspitze und Lineal vorgerillt wird

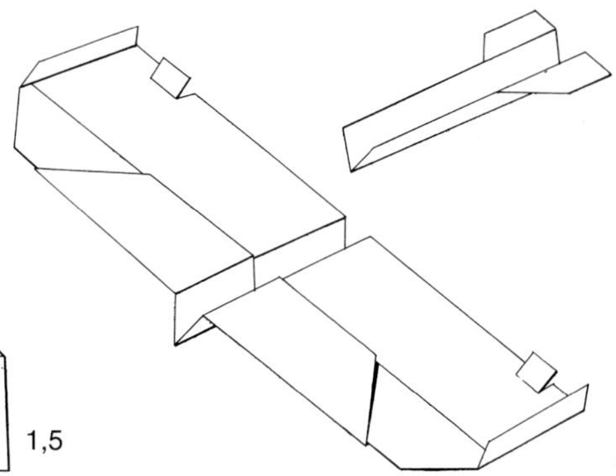

8 Das Leitwerk ist im Vorlagenbogen originalgroß dargestellt. Bei Bedarf Klappen einschneiden

Artisto

Material und Hilfsmittel
Schreibmaschinenpapier DIN-A4, feste Qualität, oder besser Zeichenblockpapier, ein kleines Stück dünnen Karton oder Plakatkarton, Wellpappe, Filzstifte, Kunststofftrinkhalme

Dieser kleine, bunte Harlekin der Lüfte fliegt erstaunlich gut und sicher. Er ist sehr leicht. Zusammen mit dem vorne eingesteckten Trimmgewicht (Stift) wiegt er etwa 20 g. Man sollte ihn von erhöhten Standpunkten aus starten, damit er weit fliegen kann.

Vorbereitungen
Der Rumpf besteht aus einer Papierröhre. Diese konstruiert man folgendermaßen: Einen Bogen DIN-A4-Papier der Länge nach halbieren und eng über einen Bleistift rollen. Mehrfach UHU Alleskleber aufstreichen, damit eine stabile Rolle entsteht. Den Rand am Schluß sehr sorgfältig andrükken (Abbildung Seite 8).

Im nächsten Arbeitsgang entsteht die Tragfläche: Einen weißen Briefbogen oder bemaltes Schreibmaschinenpapier in der Mitte (der Länge nach) falten und in den Falz zwei ineinandergesteckte Trinkhalme einkleben. Diese seitlich überstehen lassen.

Anschließend Klebstoff eng in sauberen Querlinien auftragen. Zwei Zentimeter von den Trinkhalmen entfernt beginnt die erste Klebstofflinie! – Zuletzt die Flächen zusammenklappen und fest-

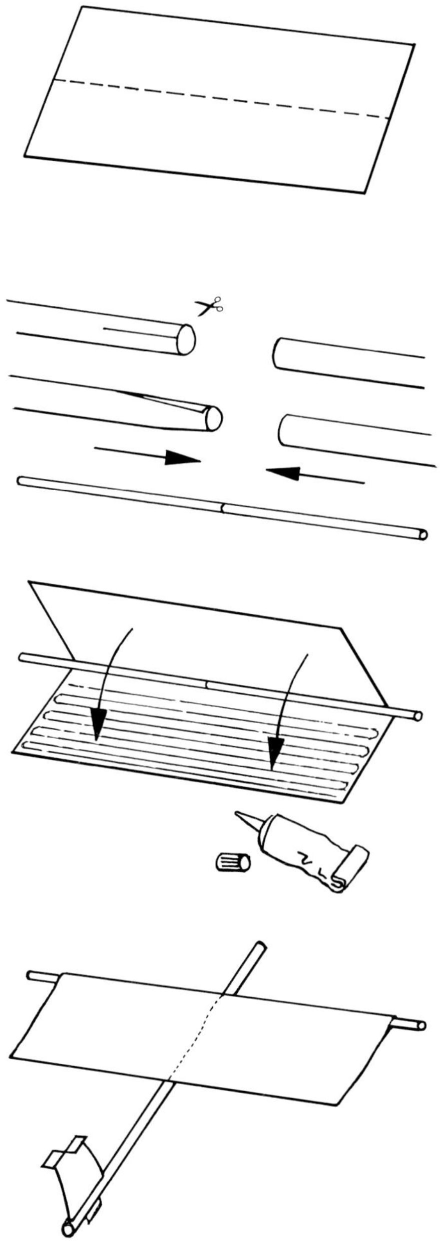

streichen. Das Ganze nun gut austrocknen lassen.

Achtung: Für diesen Vorgang benötigt man Klebstoff, der das Papier nicht wellt, denn die Tragfläche muß absolut gerade bleiben.

Für das Höhenruder (waagrecht) verwendet man doppellagiges Papier, für das senkrechte Seitenruder dünnen Karton. Wellpappestreifen werden als Diagonalstreben gebraucht. Im Vorlagenbogen sind die Originalgrößen aller Teile abgebildet. Diese sauber ausschneiden und am gebogenen Leitwerkteil die Strichlinien vorritzen, damit die Klebelaschen sauber abgewinkelt werden können.

Montage
Nun folgt die spannende Phase des Zusammenbaus. Die Montagezeichnung auf der Seite 26 gibt uns einen schnellen Überblick und liefert die notwendigen Maße.

Zunächst die Tragfläche mit einer Mittellinie versehen und die Position auf der Röhre markieren. Danach Klebstoff auftragen und die Tragfläche aufsetzen. An der Klebestelle mehrfach den Flügel feststreichen.

Um mehr Stabilität zu erreichen, werden nun von unten her zwei Dreiecksflächen aus Wellpappkarton links und rechts an die Röhre und an die Tragfläche geklebt. Wenn diese absolut fest sitzt, werden hinten am Röhrchen Schnitte angebracht, die das Einstecken des Seitenruders (senkrecht) ermöglichen. Hier ist Fingerspitzengefühl nötig, denn dieses Leitwerkstück muß wirklich senkrecht zur Tragfläche stehen. Es wird eingeklebt. Auf die nach links und rechts ausgeklappten Klebelaschen kommt das Höhenruder (waagrecht), und zur Stabilisierung werden die vorbereiteten Wellpappestreifen diagonal eingesetzt.

Aus doppellagigem Papier bestehen die bunten Halbkreise, die man links und rechts auf die Tragfläche setzt. Eine gerundete Griffleiste, die unten am Röhrchen angeleimt wird, erleichtert später den Abwurf des Modells.

Fluganleitung
Um den Segler nun flugfertig zu machen, steckt man als Trimmgewicht einen genau passenden Filzstift, oder besser einen Kugelschreiber, vorne in den Rumpf. Achtung: Die Spitze muß nach innen zeigen.
Bei den Testflügen (Kurzflüge aus normaler Höhe) den Filzstift oder Kugelschreiber vor- und zurückschieben, bis ein optimaler Gleitflug erreicht ist. Zuletzt diesen mit einem Stück Klebefilm fixieren.
Mit Flugklappen, die seitlich von den bunten Halbkreisen eingeschnitten werden können, sind Ausgleichssteuerungen möglich.

Sicherheitshinweis: Flugzeug nur abwerfen, wenn niemand im Flugbereich steht.

Montageübersicht Artisto

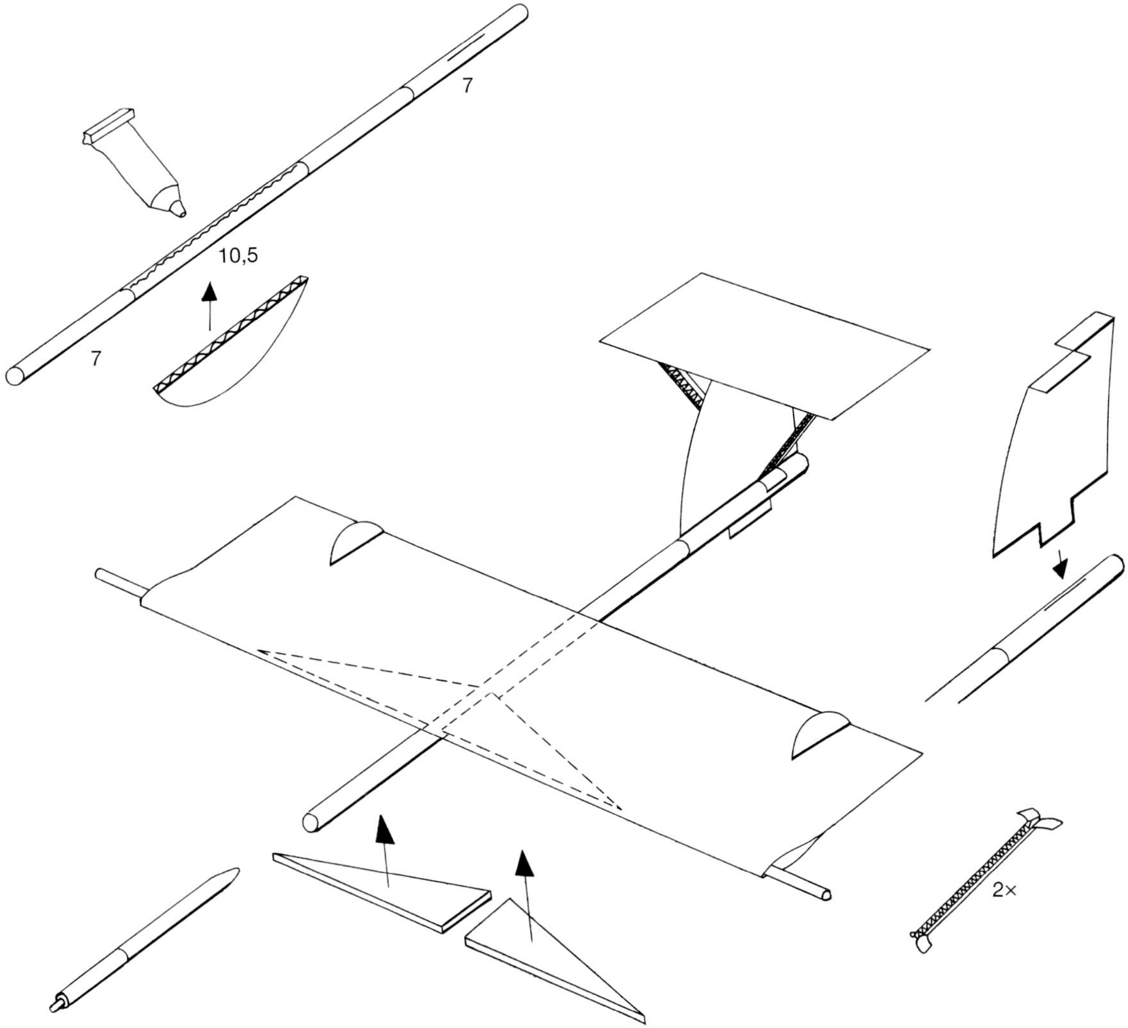

Recyclo

Material und Hilfsmittel
Kugelschreiber, 1 braune Versandtasche in der üblichen Größe von 23,0 × 32,5 cm, farbiger Papierstreifen, Kunststofftrinkhalme

Gelbbraune Versandtaschen sind ein idealer Werkstoff für den Recyclo-Segler. Im Freien zeigt er gute Flugeigenschaften, auch bei Wind.

Vorbereitungen
Aus einer Versandtasche zunächst eine 11 × 30 cm große Fläche ausschneiden, über einen Bleistift bzw. zwei Bleistifte nebeneinander eng rollen und schrittweise verkleben (Abbildung Seite 8). Zuletzt heißt es, den Rand geduldig anpressen und warten, bis der Klebstoff abgebunden hat.

Für die Tragfläche ein 32 × 16 cm großes Papierstück der Länge nach in der Mitte falten und in den Falz zwei ineinandergesteckte Trinkhalme kleben (siehe Zeichnung). Danach im Bereich der schraffierten Stelle Klebstoff auftragen und den oberen Teil nach unten klappen. Das Ganze aber so fixieren, daß in der Tragfläche ein Hohlraum entsteht. Die hinteren Ränder des Papiers sind etwa 0,5 cm gegeneinander versetzt. Es entsteht eine gewölbte Tragfläche! Diese wird noch hinten abgeschrägt und an den Ecken gerundet (Vorlagenbogen).

Nun ist das Leitwerk an der Reihe. Form und Größe der Einzelteile sind im Vorlagenbogen dargestellt. Sie müssen auf ein zweifach verklebtes Stück der Versandtasche übertragen und dann ausgeschnitten werden. Das kleine Röhrchen (3,5 cm) wird einfach von der bereits angefertigten Rumpfröhre abgeschnitten.

Montage
Das Leitwerk, wie in der Montageübersicht angegeben, zusammenfügen. Dann die Tragfläche mit Pritt-Bastelkleber aufleimen und gut durchtrocknen lassen. Der Abstand zwischen Leitwerk und Tragfläche beträgt 10,5 cm.
Abschließend von unten her eine V-förmige Griffleiste gegen den Rumpf und die Tragfläche kleben.

Fluganleitung
Zuletzt den Flieger mit einem passenden Kugelschreiber oder Druckminenstift, der von vorne in die Röhre geschoben wird, trimmen. Der Stift soll streng sitzen, und die Spitze muß nach innen zeigen. Beim Einfliegen den Stift nun so lange verschieben, bis der Recyclo einwandfrei gleitet. Erst jetzt den Stift am Röhrchen mit Klebefilm fixieren.

Folgendes bitte beachten: Die Stellung des Stiftes vor dem Flug markieren, da er sich bei der Landung oft verschiebt.
Wenn wir sorgfältig gearbeitet haben und geübt werfen, belohnt uns der Recyclo mit eleganten und weiten Flugfiguren. Kräftig gegen einen leichten Wind geworfen, vollführt der kleine Akrobat sogar Flugkunststücke.

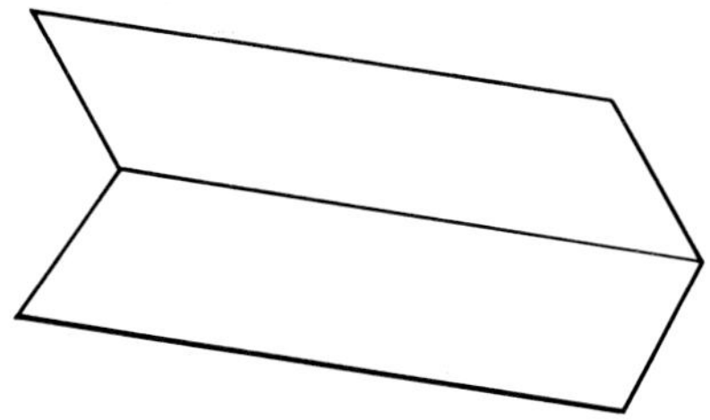

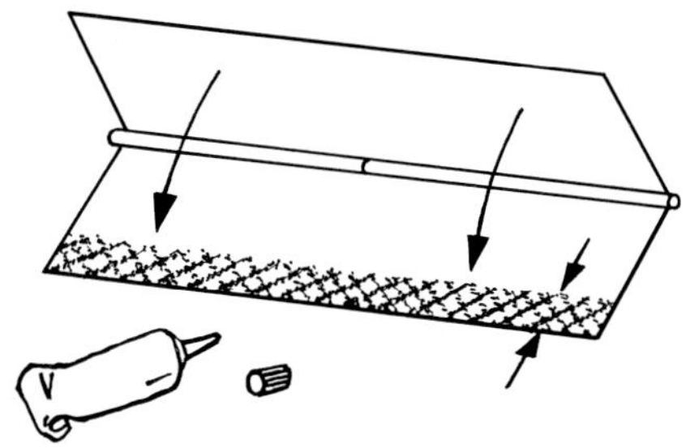

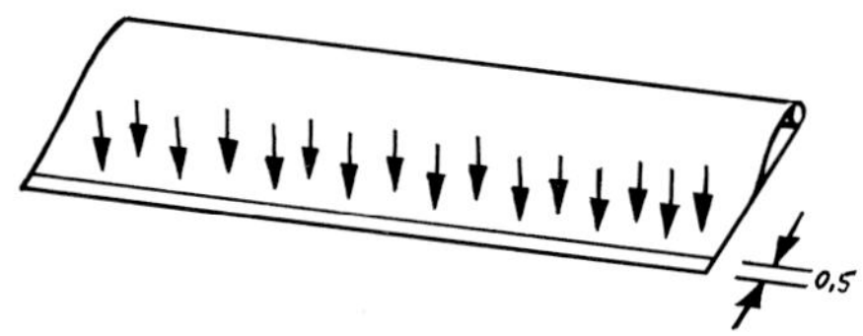

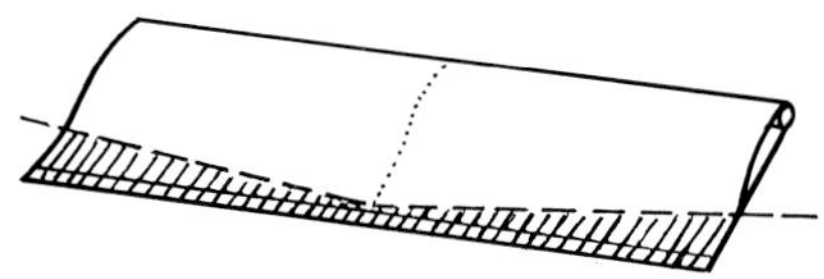

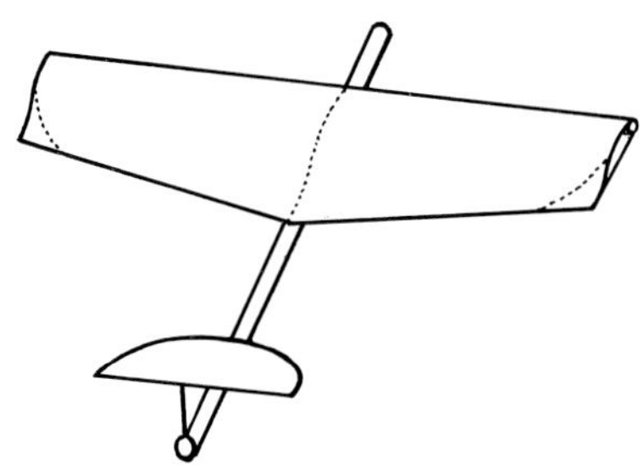

Ein farbiger Streifen an der Vorderkante der Tragfläche, der Schriftzug am Flügelrand und stehengebliebene Poststempel genügen als dekorative Akzente.

Sicherheitshinweis: Flugzeug nur abwerfen, wenn niemand im Flugbereich steht.

Montageübersicht Recyclo

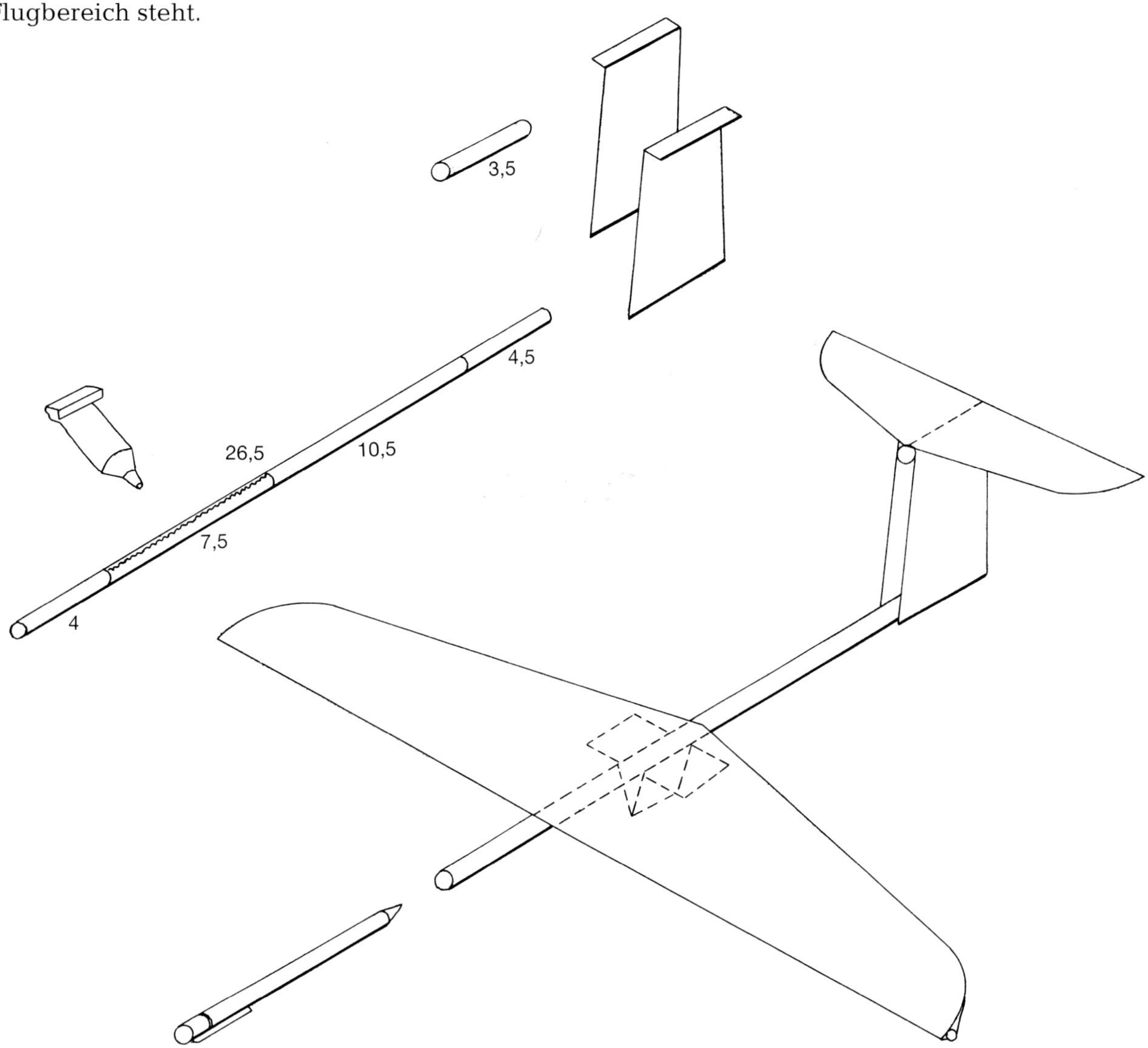

Styx

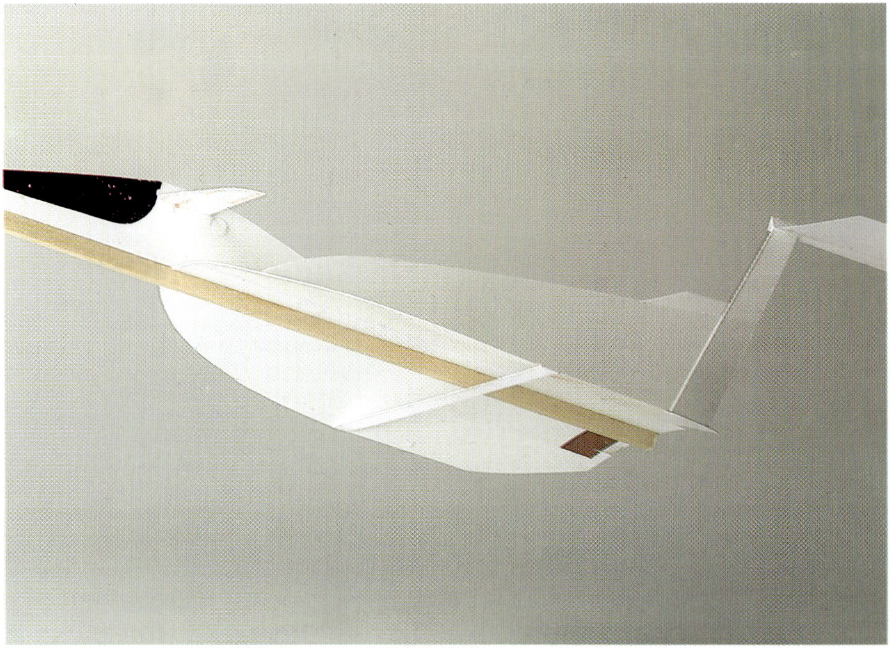

Material und Hilfsmittel
Weißer Plakatkarton oder sehr dünner Karton, Schreibmaschinenpapier, Vierkantstäbchen 5 × 5 mm, 26,5 cm lang, Filzstiftkappe, Bleikügelchen zur Trimmung

Styx ist ein futuristischer Gleiter, der voller Überraschungen steckt. Um ihn zu fliegen, muß man ein experimentierfreudiger Pilot sein. Seine Haupttragfläche ist stark gewölbt, da sie auf der Unterseite mit einem Papierstreifen (Untersicht) zusammengehalten wird. Dieser wirkte bei einigen Testmodellen wie eine Klangsaite und erzeugte summende Fluggeräusche. Durch Trimmung und geschickte Steuerung lassen sich viele Flugvariationen erzielen. Man kann den Styx mit und ohne Vorflügel durch das „Weltall" gleiten lassen. Mit nach oben gewinkelten Vorflügeln dreht er sich während des Flugs um die eigene Achse.

Vorbereitungen
Auf dünnen, weißen Plakatkarton einen Kreis (Zirkel) mit 8,5 cm Radius zeichnen, eine Mittellinie ziehen und ihn so ergänzen, wie es im Vorlagenbogen dargestellt ist. Gleichzeitig auch alle Flügelpositionen von der Mittellinie aus aufzeichnen. Danach die Tragfläche ausschneiden und auf einen 26,5 cm langen Vierkantstab mit Pritt-Bastelkleber aufleimen. Anschließend schneidet man die Flügel, das Cockpit usw. aus dem Karton aus. Die Einzelteile sind

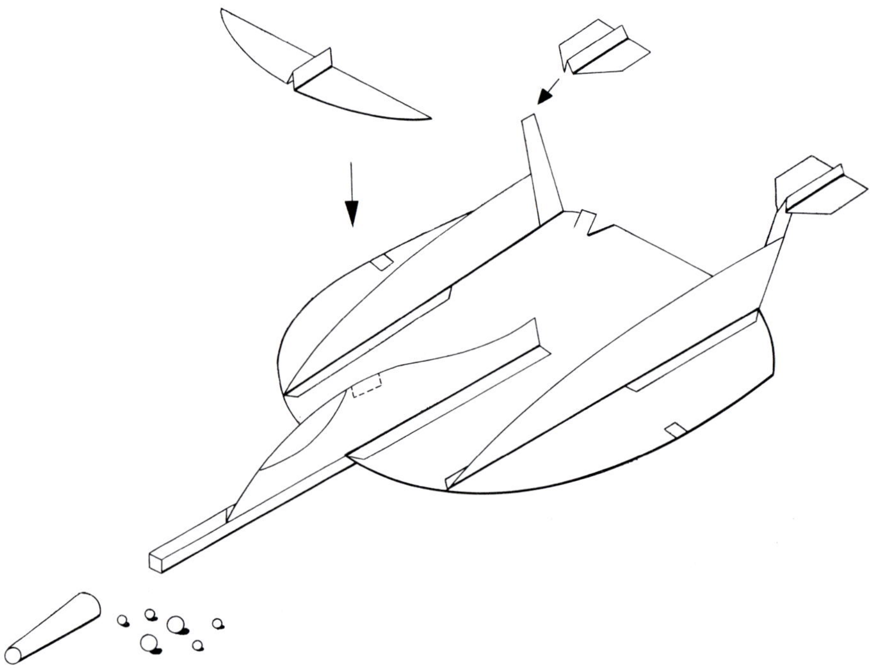

im Vorlagenbogen originalgroß dargestellt.
Achtung: Die kleinen Stabilisatoren (hinten oben) und der Spannstreifen bestehen aus normalem Schreibmaschinenpapier (eventuell zweilagig).

Montage
Zunächst die großen Flügel und das Cockpit aufleimen, danach den Vorflügel (absolut waagrecht) auf das Cockpit setzen und abschließend die „Stabilisatoren" am Heck festkleben. Wenn alles gut durchgetrocknet ist, kann der Styx beschriftet oder farbig gestaltet werden. Die Cockpitscheibe stammt von einem Hochglanzprospekt. Zuletzt auf der Unterseite von Rand zu Rand einen 6 mm breiten Papierstreifen spannen. Diesen auf einer Seite nur mit Klebefilm fixieren, um ein späteres Nachspannen zu ermöglichen.

Fluganleitung
Nun kann die heiße Phase der Testflüge beginnen. Vor dem ersten Start muß der Raumgleiter vorne Gewicht bekommen. Eine Filzstiftkappe wird mit Bleikugeln gefüllt und aufgesteckt. Nun vorsichtig abwerfen und das Gewicht so lange verändern, bis ein gleichmäßiges Flugbild entsteht. Für Weitflüge muß der Styx scharf und geradlinig abgeworfen werden. Nicht vergessen: Schaumgummipolster mit einem Gummi auf die Spitze setzen (Abb. S. 12).

Sicherheitshinweis: Flugzeug nur abwerfen, wenn niemand im Flugbereich steht.

Leonardos Traum

Material und Hilfsmittel
2 Bögen Packpapier DIN-A2 oder hellbraunes Tonpapier, Wellpappe, Packschnur, Stoff, Kunststofftrinkhalme, Kohlepapier, Buntstifte

Tragflügel und Leitwerk dieses historischen Flugobjektes bestehen aus Packpapier, das dreilagig verklebt ist. Die Rumpfröhre ist aus dünnem Packpapier gerollt, und der „Bauch“ besteht aus brauner Wellpappe. Alle Flächen sind illusionistisch mit Bleistift und weißem Farbstift schraffiert, so daß sie wie eine Stoffbespannung wirken. Die Scheinwölbungen entstehen allein durch die Schattierung.

Vorarbeiten
Zunächst ein DIN-A4 großes Stück Packpapier über zwei Farbstifte oder Filzstifte zusammenrollen und verkleben. Für diese Arbeit eignet sich nur flüssiger Klebstoff, der das Papier nicht aufweicht. Mit etwas Geschick schafft man es auch, die Naht der Röhre sauber zu verkleben.

Für die Tragfläche muß man ein Stück Packpapier in der Größe von 30 × 44 cm ausschneiden und der Länge nach zu gleichen Teilen zweimal falten (Zeichnung!). Die erste Fläche mit der zweiten zusammenkleben und in den Falz zwei ineinandergesteckte Trinkhalme kleben. Im Abstand von 2 cm kommt nun die erste Klebstofflinie. Ganz regelmäßig und eng folgen die nächsten. Schließ-

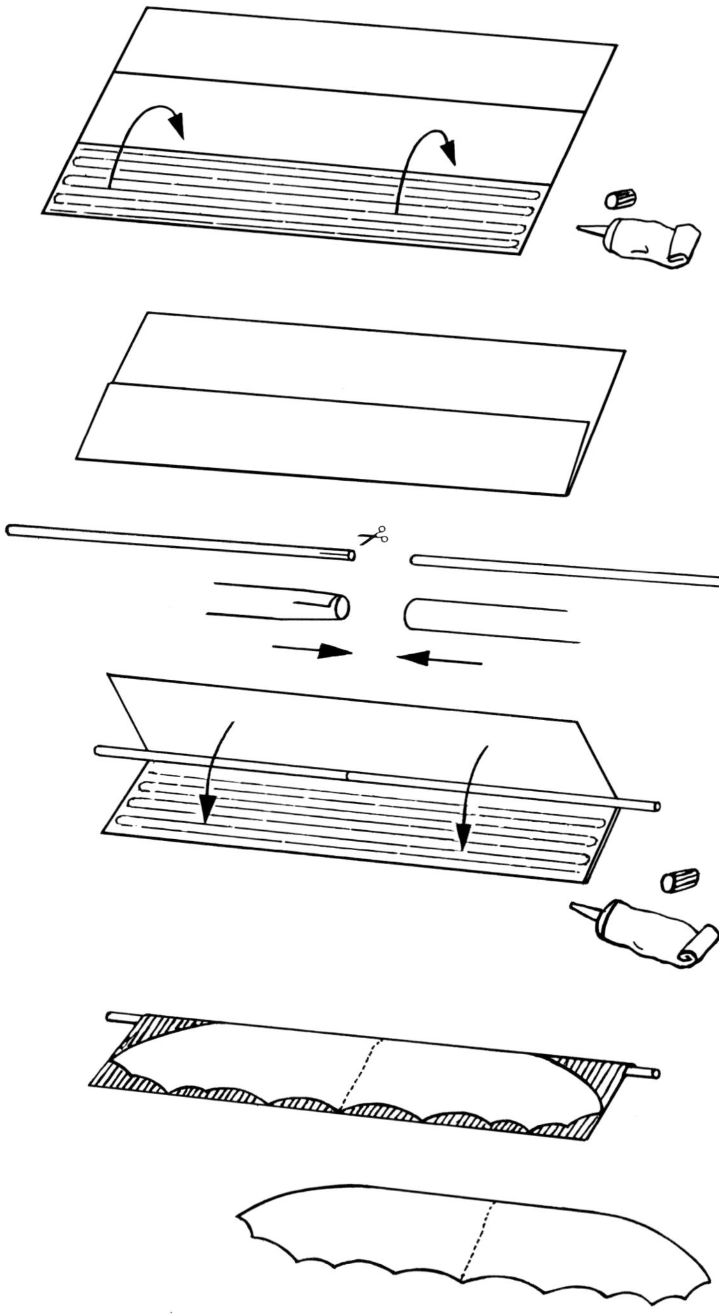

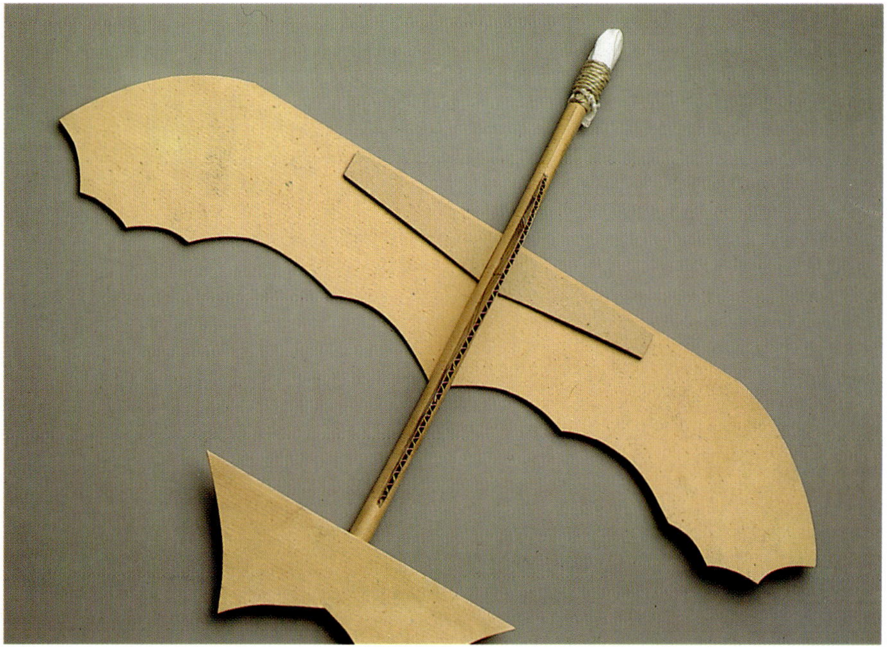

lich wird die Faltung zusammengeklappt, fertig!

Während des Trocknens nun einige Male fest mit der Handfläche in Richtung Trinkhalme streichen. Diese müssen ganz vorne in der Falte liegen, denn durch sie bekommt die Tragfläche das notwendige Flugprofil.

Nur Alleskleber verwenden, der das Material nicht wellt. Nun den Flügel vollständig durchtrocknen lassen. Das kann 1 bis 2 Stunden dauern. Erst danach hat das Schichtmaterial die nötige Festigkeit.
Nach der Zeichnung im Vorlagenbogen kann nun die eigentliche Tragfläche in der Form alter Flugapparate ausgeschnitten werden. Vorher aber schnell noch die Mittellinie einzeichnen, das erleichtert die Montage!
Die restliche Fläche des Bogens wird für die Leitwerkteile dreilagig oder vierlagig zusammengeklebt. Im Vorlagenbogen finden sich die Formen in Originalgröße. Diese jetzt einfach durchpausen und mit der Schere ausschneiden. Den Bauch des Fliegers schneidet man mit einem Cutter oder Teppichmesser aus brauner Wellpappe aus. Die Form dieses Teilstükkes kann nach eigenen Vorstellungen variiert werden.

Künstlerische Gestaltung
Die Einzelteile sind jetzt noch leichter zu bearbeiten als im zusammengebauten Zustand. Nun sollten Tragfläche und Leitwerk schraffiert werden. Zu den Spitzen der Ränder gebogene Linien ziehen und jeweils rechts davon mit Bleistift eine Schattierung anlegen, links davon mit weißem Farbstift eine Aufhellung einschraffieren. Dann noch mit gestrichelten Linien Nähte und Abnäher aufzeichnen.

Montage
Auf der Röhre die Position der Tragfläche markieren. Diese nun aufkleben und abwarten, bis sie ganz fest sitzt. Danach sofort auf der Unterseite (Detailfoto) Kartonstücke zur Stützung der Tragflächen einkleben.
Das Höhenruder (waagrecht) im nächsten Arbeitsschritt von unten her gegen die Röhre kleben und das Seitenruder von oben in einen

Montageübersicht Leonardos Traum

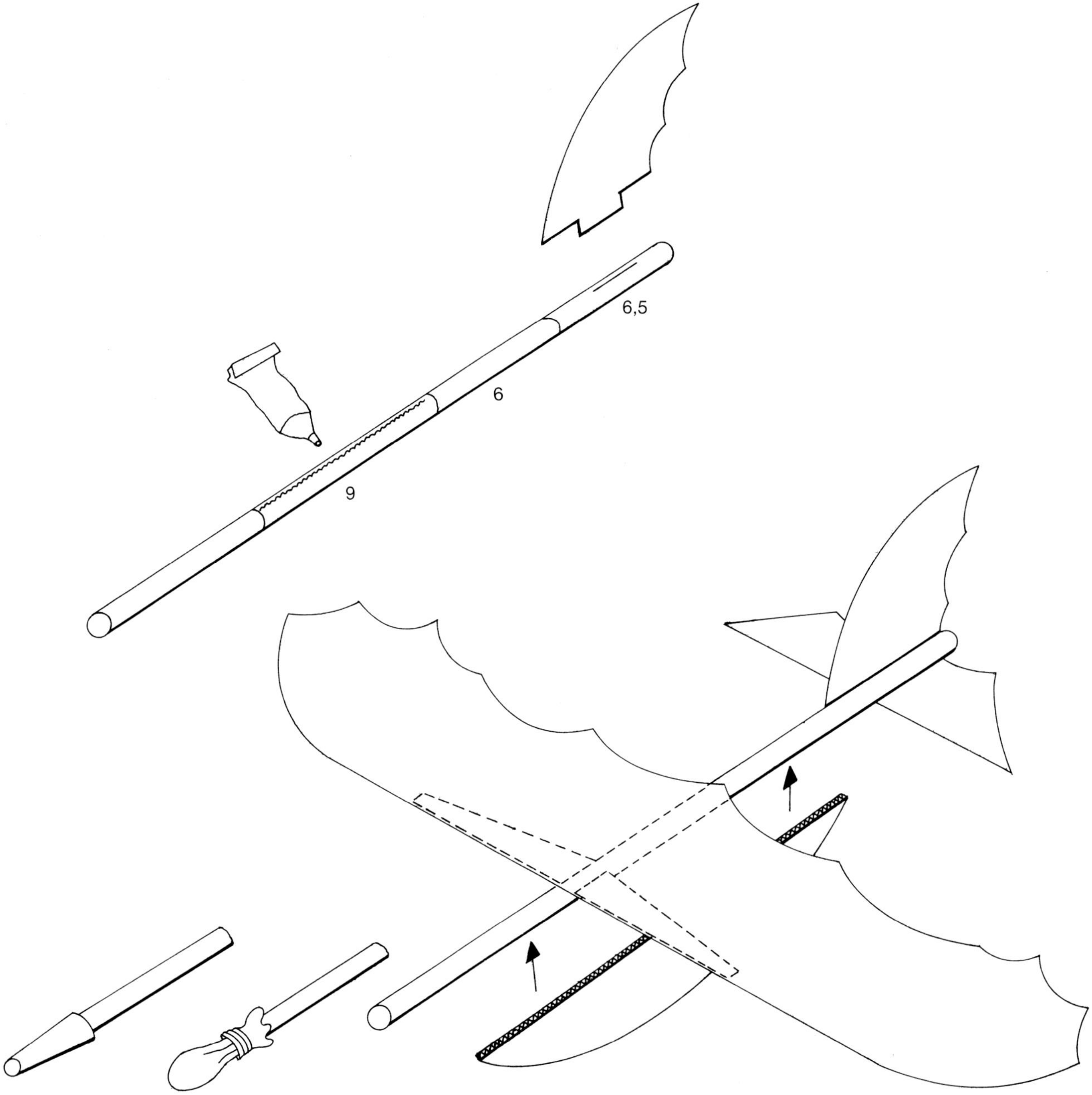

vorbereiteten Schlitz (Schneidemesser) stecken. Der Flieger ist fertig, wenn die Gondel unten am Röhrchen sitzt. Nun von vorne gegen das Flugzeug schauen und prüfen, ob alle Teile in der Senkrechten bzw. Waagrechten liegen. Die sogenannte Symmetrie des Fluggeräts muß stimmen, sonst gibt es Bruchlandungen.

Fluganleitung
Ballast für den Flug erhält Leonardos Traum durch einen vorne eingesteckten Kugelschreiber oder Druckminenstift. Die Mine soll nach innen weisen. Er muß so lange verschoben werden, bis ein einwandfreier Flug erreicht ist! Erst dann sollte man ihn endgültig fixieren. Schließlich kann die Spitze stilgerecht mit einem Stück Stoff und brauner Schnur verkleidet werden. Selbstverständlich befindet sich unter dem Stoff etwas Schaumgummi als Aufprallpolster. Guten Flug!

Sicherheitshinweis: Flieger nur abwerfen, wenn niemand im Flugbereich steht.

Match

Material und Hilfsmittel
Holzstäbchen 5 × 5 mm, ca. 40 cm lang, Streichhölzer ohne Kopf, roter Plakatkarton, Gummis, ein kleines Stück Wellpappe, Holzkugel (3 cm Durchmesser, 5 mm Bohrung), Wickelblei, Deckfarben, Zeichenblock

Für diesen feuerroten Segler benötigt man Plakatkarton, wie er in Schreibwarengeschäften angeboten wird. Wickelblei und Holzkugeln bekommt man in Bastel- bzw. Modellbaugeschäften.

Tragfläche und Leitwerkteile werden zunächst aus dem Karton ausgeschnitten. Wer die Abbildung genau betrachtet, kann erkennen, daß die Tragfläche bei diesem Flugzeug profiliert ist. Zwei Rippen aus Wellpappkarton unter der Tragfläche (Vorlagenbogen) sorgen für die nötige Rundung. Die Tragfläche muß an einer Tischkante vorgerundet werden. Mit Pritt-Bastelkleber werden die Rippen nacheinander von unten gegen die Tragfläche geklebt. Danach jeweils so lange halten, bis der Kleber abgebunden hat! Zwei weitere Rippen befinden sich nebeneinander auf der Holzleiste. Für die Befestigung müssen Löcher (2,5 mm Durchmesser) vor und hinter der Tragfläche gebohrt werden. Durch diese steckt man zwei Zündhölzer, damit später Gummis darübergespannt werden können. Ist keine Bohrmaschine im Haus, so gibt es eine einfache Lösung: Die Gummis unter die

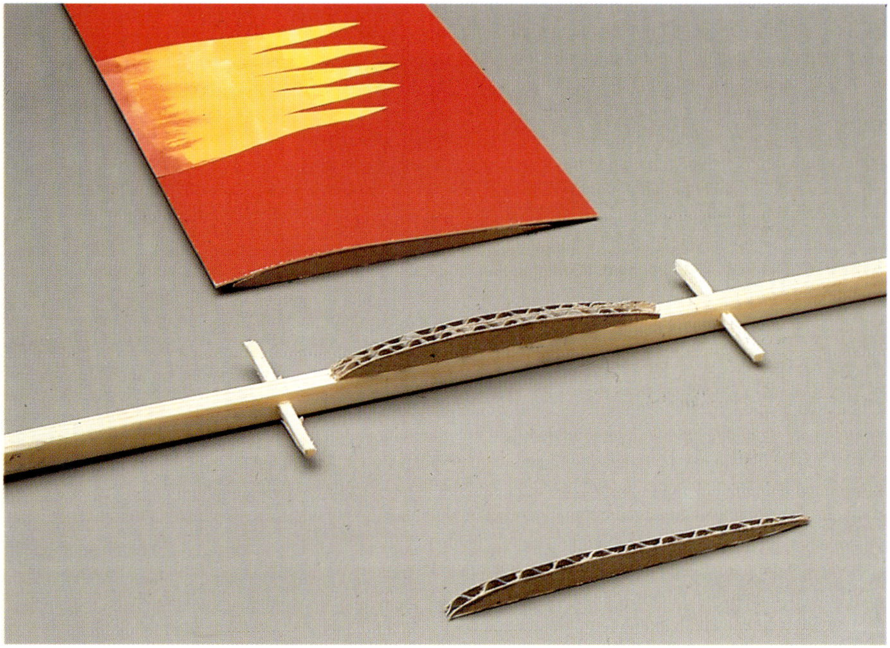

Holzleiste und über die Tragfläche führen!

Die Tragfläche sitzt bei diesem Flieger nicht starr auf der Rumpfleiste. Dies hat den Vorteil, daß der Flügel beim Aufprall nicht so leicht beschädigt wird.

Der nächste Arbeitsschritt gilt dem Leitwerk. Das Höhenruder sitzt erhöht auf einem 5 cm langen Leistenstück, das vorne abgeschrägt ist. Beide Teile werden am Ende der Leiste exakt mit Pritt-Bastelkleber aufgeleimt. Danach setzt man das hohe Seitenruder auf und fixiert es mit gerun-

deten Konsolen aus Pappkarton. Die Form dieser Teile ist im Vorlagenbogen dargestellt.
Vorsicht: Diese nicht mit den Rippen der Tragflächen verwechseln!

Wenn alles gut durchgetrocknet ist, kann man die Haupttragfläche aufsetzen und mit der Trimmung beginnen. Eine schwarz bemalte Holzkugel dient als Grundgewicht, und gegebenenfalls wird mit Wickelblei die Feinabstimmung vorgenommen. In unserem Fall hatte die schwarze Kugel Idealgewicht, deshalb war kein Wickelblei mehr notwendig.

Gestaltung
Mit Deckfarben einen streifenartigen Gelb-Orange-Rot-Verlauf auf den Zeichenblock malen und trocknen lassen. Flammenartige Dekors ausschneiden und beidseitig auf der Tragfläche aufkleben.

Erweiterungsmöglichkeit: Mit Klappen an beiden Flügelseiten und einem beweglichen Seitenruder (Detailabbildung Seite 10) können Kurvenflüge erreicht werden!

Sicherheitshinweis: Flugzeug nur starten, wenn niemand im Flugbereich steht.

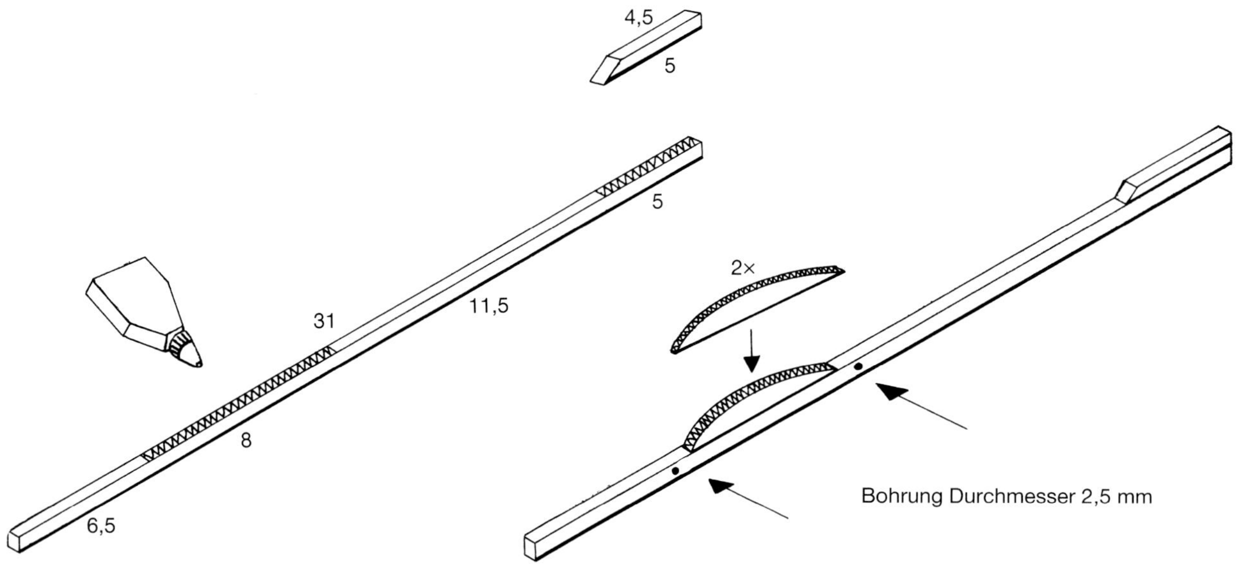

Montageübersicht Match

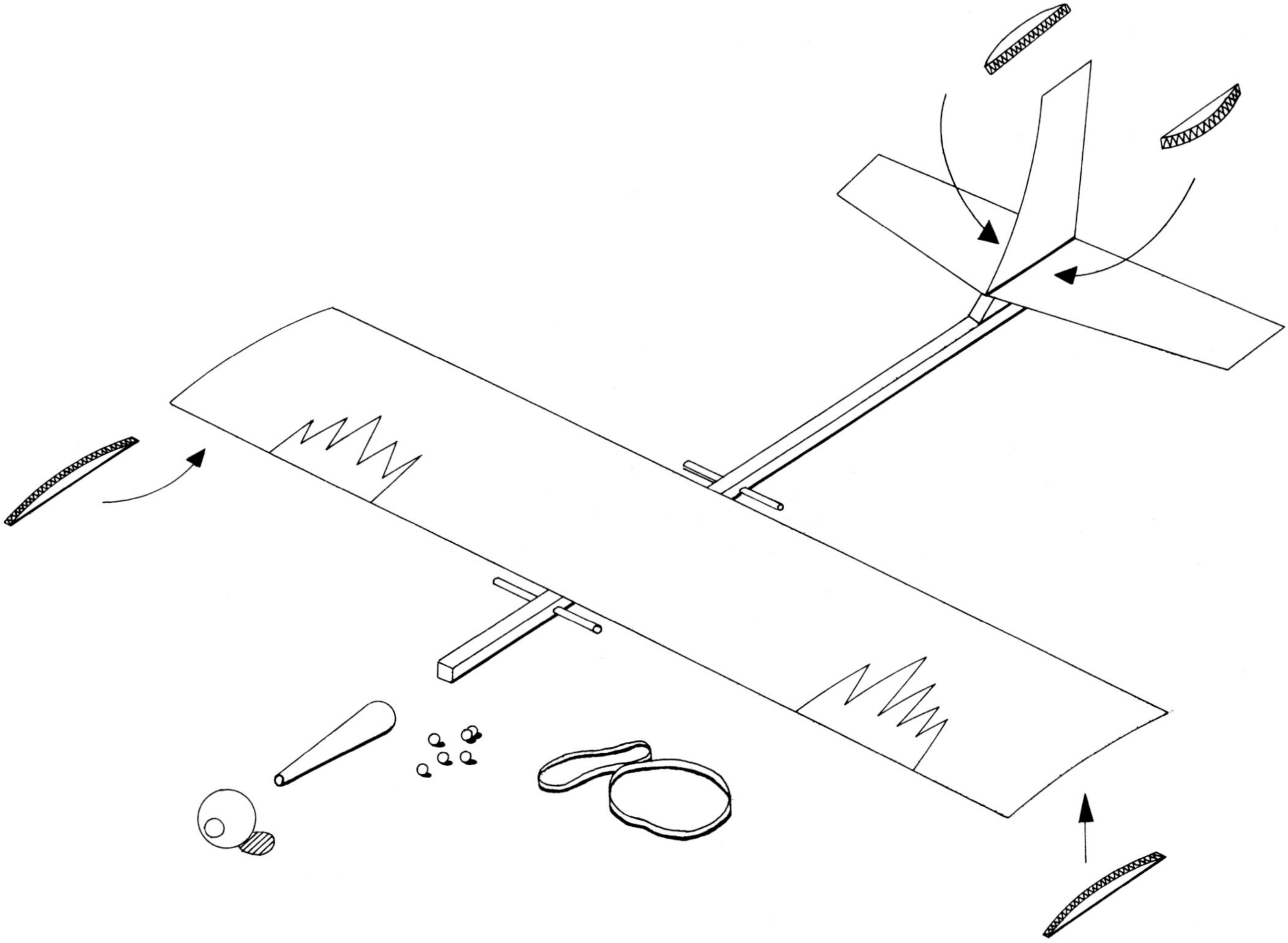

Discovery

Material und Hilfsmittel
Weißer Plakatkarton oder vergleichbarer dünner Karton, Schreibmaschinenpapier, Fotokopien mit beliebigen Motiven oder eigene Entwürfe auf Papier, ein kleines Stück Wellpappe, Filzstifte, Zirkel

Dieser Rundflügler bietet wegen seiner großen Flächen unendlich viele Gestaltungsmöglichkeiten. Besonders gut stehen ihm graphische Muster, aber auch farbige Dekorationen, Streifen und Aufschriften geben diesem Flugobjekt ein aerodynamisches Aussehen. Der Bau und das Erproben der Flugeigenschaften erfordern einen gewitzten Konstrukteur und einen klugen Piloten.

Vorbereitungen
Zunächst ein DIN-A4-Blatt mit Hilfe zweier Stifte (Abbildung Seite 8) eng aufrollen. Immer wieder Klebstoff quer zur Rollrichtung auftragen. Am Schluß darauf achten, daß das Ende sauber verklebt ist. Das Ganze nun trocknen lassen. Danach das Röhrchen auf 27 cm verkürzen.

Aus weißem Plakatkarton die kreisförmige Tragfläche mit 9,5 cm Radius ausschneiden. Eine Mittellinie ziehen und die Positionen der Flügel und der Klappen aufzeichnen (Vorlagenbogen). Einen Kreis in der Mitte (Radius 2 cm) vorsichtig mit dem Schneidemesser herausschneiden. Während die Röhre ganz durchtrocknet, sollten auch noch die Flügel hergestellt werden. Am besten eignen sich hierfür Fotokopien oder weiße Blätter, die man gegeneinander klebt. Wenn darauf ausgefallene Muster sind, ergeben sich später reizvolle Flügelansichten. Aus dem Vorlagenbogen überträgt man die Flügelform und schneidet sie aus.

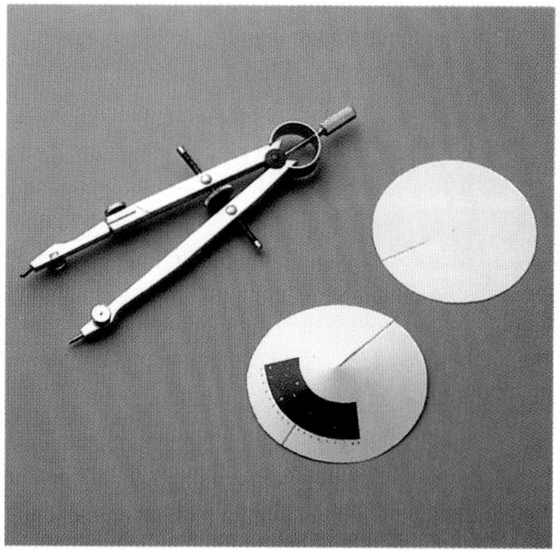

Das Cockpit ist einfach zu bauen. Auf etwas festeres oder doppelt verklebtes Papier wird ein Kreis mit 4 cm Radius gezeichnet und ein Segment (Vorlagenbogen) herausgeschnitten. Den verbleibenden Teil klebt man so zusammen, daß, wie im Detailfoto dargestellt, ein flacher Kegel entsteht. Für die Windschutzscheibe eignet sich schwarzes Illustriertenpapier, das mit Deckweißtupfern besprenkelt wird.

Für die Unterseite der Tragfläche werden nun noch die Flugschürzen hergestellt. Die Form dieser Teile ist im Vorlagenbogen zu finden. Sie bestehen aus zweilagig verklebtem Schreibmaschinenpapier.

Montage
Die Kreisfläche muß zunächst exakt mittig auf der Papierrolle aufgeklebt werden. Es ist von Vorteil zu warten, bis die Teile fest verbunden sind. Dann erst sollte man von unten her die Flugschürzen so aufkleben, daß eine Wölbung (Profil) entsteht. Zuerst die Vorderkante festkleben, trocknen lassen und danach Klebstoff unter dem seitlichen Rand auftragen. Jetzt das Teil so nach innen schieben, daß es sich wölbt. Das Ganze so lange halten, bis der Klebstoff

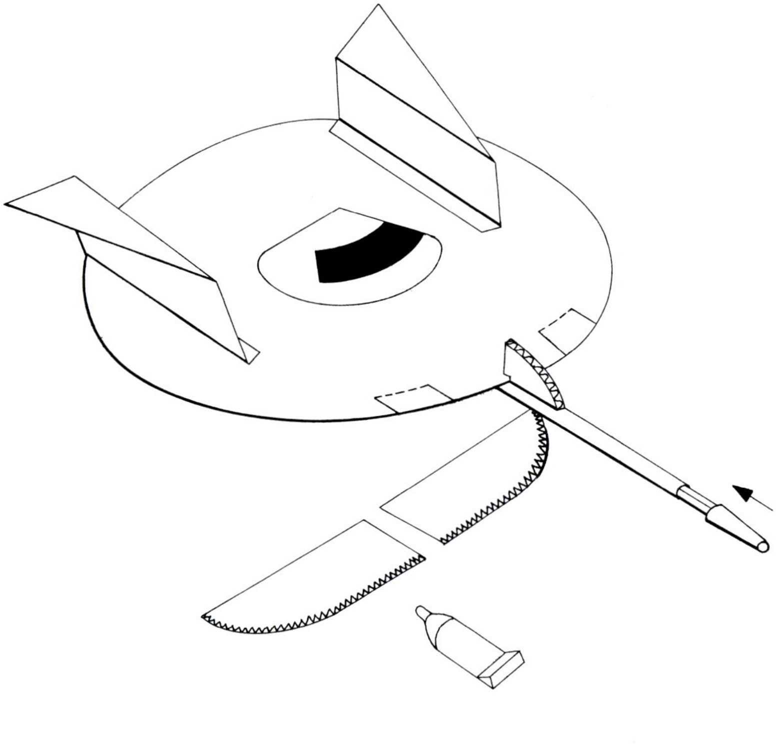

trocken ist. Im Detailfoto sieht man die fertige Schürzenkonstruktion.

Jetzt können von oben alle übrigen Teile montiert werden. Auch das kleine schräge Wellpappestück darf nicht fehlen. Es gibt der Konstruktion zusätzliche Stabilität.

Fluganleitung
Von vorne einen passenden Stift, Kugelschreiber o.ä. als Beschwerung einschieben und mit den Flugversuchen beginnen. Es stellt sich bald heraus, in welcher Stellung der Stift einen optimalen Flug ermöglicht. Die Trimmung muß sehr sorgfältig durchgeführt werden. Ein Stück Klebefilm fixiert den Stift endgültig.

Der Abwurfpunkt liegt genau im Griffloch. Die Discovery ist ein Wurfgleiter und wird immer kräftig nach vorne gestartet.
Mit hochgestellten Klappen kann man verhindern, daß das Flugobjekt zu schnell zu Boden geht. Schaumgummipolster oder runde Klebstoffkappen (Abbildung Seite 12) auf die Spitze setzen.

Sicherheitshinweis: Nur abwerfen, wenn niemand im Flugbereich steht.

Fledermaus

Material und Hilfsmittel
Holzstäbchen 5×5 mm, 34 cm lang, schwarzer Plakatkarton, Farben, Deckweiß, Holzkugel (3 cm Durchmesser, 5 mm Bohrung), Schaschlikstäbchen, Faden, Wickelblei, Filzstiftkappe

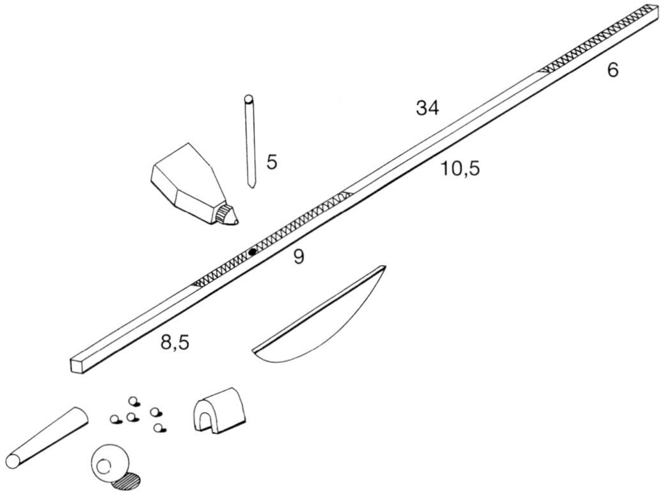

Die Fledermaus, die auch am Tag munter ihre Runden dreht, ist ein leicht zu bauender Flieger. Man benötigt dazu dünnen Karton oder schwarzen Plakatkarton, den man mit der Schere schneiden kann. Die notwendigen Holzteile gibt es im Bastelgeschäft.

Vorbereitungen
Zuerst die Tragfläche nach der Zeichnung im Vorlagenbogen aufzeichnen und ausschneiden. Danach das Seitenruder (senkrecht) des Heckleitwerks auf Karton übertragen, ausschneiden und an der gestrichelten Linie so anritzen, daß man eine Klebelasche nach rechts und eine nach links knicken kann. Anschließend das Höhenruder (waagrecht) des Leitwerks in der angegebenen Form ausschneiden.

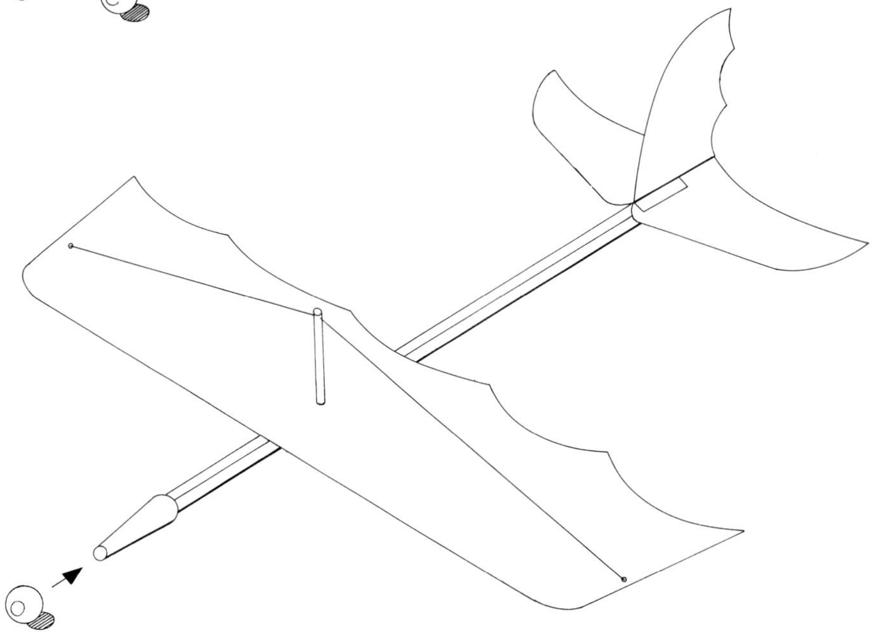

Bereits vor dem Zusammenbau können die Teile, falls gewünscht, farbig gestaltet werden. Aufgespritzte weiße Pünktchen, bunte Striche, Flecken und Punk-

te, direkt aus der Tube oder mit Wachsmalfarben dick aufgetragen, geben der Fledermaus ein interessantes Aussehen.

Montage
Die Klebeflächen auf der vorbereiteten Holzleiste markieren. Mit Pritt-Bastelkleber oder einem vergleichbar guten Kartonkleber alle Teile fest aufleimen. Es ist darauf zu achten, daß die Flächen genau mit ihrer Mitte auf dem Stäbchen plaziert werden. Alles gut trocknen lassen.

Im nächsten Arbeitsgang wird nun für ein dünnes Holzstäbchen (Schaschlikstäbchen) ein 2,5 mm dünnes Loch in Flügel und Leiste gebohrt. Oben in das Holzstäbchen sägt man eine Rille. Über diese zieht sich dann der dünne Faden zu den Seiten. Hier fädelt man ihn durch ein dünnes Loch (Zirkel) und verknotet ihn.

Fluganleitung
Vorne auf das Stäbchen eine weiße Filzstiftkappe setzen. Durch Wickelblei und/oder Holzkugel wird die Fledermaus vorne schwerer. Nach den ersten Testflügen das Gewicht so lange verändern, bis ein gleichmäßiger Gleitflug erreicht ist. Hinten an den Tragflächen eingeschnittene Klappen lassen einfache Kurvenflüge zu.
Ein Abwurfgriff unter der Tragfläche ermöglicht einen sicheren Start.

Sicherheitshinweis: Flugzeug nur starten, wenn niemand im Flugbereich steht.

Albatros

Material und Hilfsmittel
Holzstäbchen 5×5 mm, 36 cm lang, Regenbogenpapier und/oder Tonpapier, dicke und dünne Wellpappe, dünner weißer Karton oder Plakatkarton, kleine Holzkugel (2,5 cm Durchmesser, 5 mm Bohrung), gekürzter Filzstift mit Kappe, Kunststofftrinkhalme, Bleikügelchen für die Trimmung, Schaschlikstäbchen

Der Albatros ist ein nostalgisch anmutender Doppeldecker. Trotz der Vielzahl der verwendeten Teile ist er ein Leichtgewicht von 44 Gramm. Wegen seiner Landekufen sieht er wie ein Wasserflugzeug aus. Aber Vorsicht: Er soll nie im nassen Gras oder im Wasser aufsetzen.

Vorarbeiten
Für die beiden Tragflächen eignet sich Pelikan-Regenbogenpapier, das auf einer Seite Farbverläufe zeigt. Besonders reizvoll und kreativer sind natürlich selbst bemalte Zeichenblockblätter (DIN-A4), die sich allerdings nicht wellen dürfen. Nach dem Bemalen bleiben sie so lange im Block, bis sie wieder glatt und trocken sind.

Der Länge nach nun die vorbereiteten Blätter falten und in den Falz zwei ineinandergesteckte Trinkhalme einkleben. Wie in der Zeichnung dargestellt, die restliche Fläche gleichmäßig in Linien mit Klebstoff einstreichen. Die erste Klebstofflinie beginnt etwa 2 cm vom Trinkhalm entfernt. Der Kleber darf das Papier nicht wellen! Anschließend die Flächen fest zusammendrücken und gut durchtrocknen lassen. Erst der völlig abgebundene Klebstoff gibt den Tragflächen die notwendige Festigkeit!

Zwischenzeitlich aus Plakatkarton oder notfalls aus Restkarton (z. B. Schuh-, Pralinenschachtel etc.) die Verbindungsstege der Tragflächen und die Leitwerkteile ausschneiden. Für das Leitwerk eignet sich auch dünne Wellpappe. Die Kufen und die schmalen Diagonalstreben müssen aus dicker Wellpappe sein. Die Farbe spielt natürlich keine Rolle.
Alle Bauteile sind sorgfältig vom Vorlagenbogen auf den Karton zu übertragen, am besten, indem man alles maßgerecht aufzeichnet (Geo-Dreieck) oder durchpaust.

Montage
Zunächst die Tragflächenhalter mit Pritt-Bastelkleber seitlich an das Stäbchen anleimen. Dann zuerst die untere Tragfläche, an-

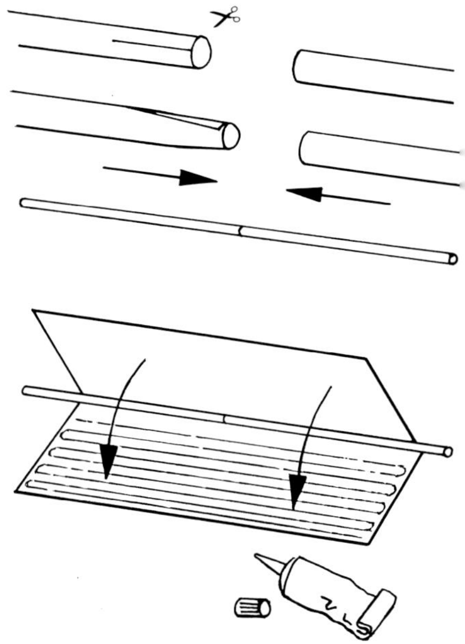

schließend die obere vorsichtig aufkleben. Man tut sich leichter, wenn die Klebestelle vorher markiert wurde. In jedem Fall ist darauf zu achten, daß die Halter jeweils leicht nach außen gespreizt, aber von der Mittellinie der Tragfläche gleich weit entfernt sind. Wichtig: Am Schluß von vorne auf das Flugzeug schauen und kontrollieren, ob die Tragflächen parallel sind!

Zwei dünne, sauber geschnittene Wellpappestreifen, diagonal eingesetzt, geben der Konstruktion zusätzliche Stabilität.
Während alles durchtrocknet, können die Kufen, wie im Detailfoto dargestellt, zusammengebaut werden. Danach leimt man sie „stumpf" von unten her gegen die Tragfläche. Dabei sollten sie genau unter den Klebelaschen der Halter sitzen.

Jetzt muß nur noch das Leitwerk angeleimt werden. Das Höhenruder sitzt unten am Stäbchen. Das Seitenruder wird stumpf aufgesetzt und mit kleinen Wellpappestreifen seitlich befestigt.

Ein vorne aufgesetztes Stäbchen (Bohrung) dient als Halter für eine Windfahne, die auf das Flugverhalten keinen Einfluß hat.

Trimmung und Fluganleitung
An der Nase bekommt der Doppeldecker letztendlich eine Filzstifthülse mit Kappe aufgesetzt. Darin befinden sich Bleikügelchen, deren Menge verändert wird, bis der Albatros munter durch die Lüfte schaukelt.

Ganz vorne sitzt eine Holzkugel als Grundgewicht und Prallschutz. In jedem Bastelgeschäft sind solche Kugeln erhältlich.

Der Albatros wird beim Start an den Kufen gehalten und von erhöhten Punkten aus nach vorne abgeworfen.

Sicherheitshinweis: Flugzeug nur abwerfen, wenn niemand im Flugbereich steht.

Montageübersicht Albatros

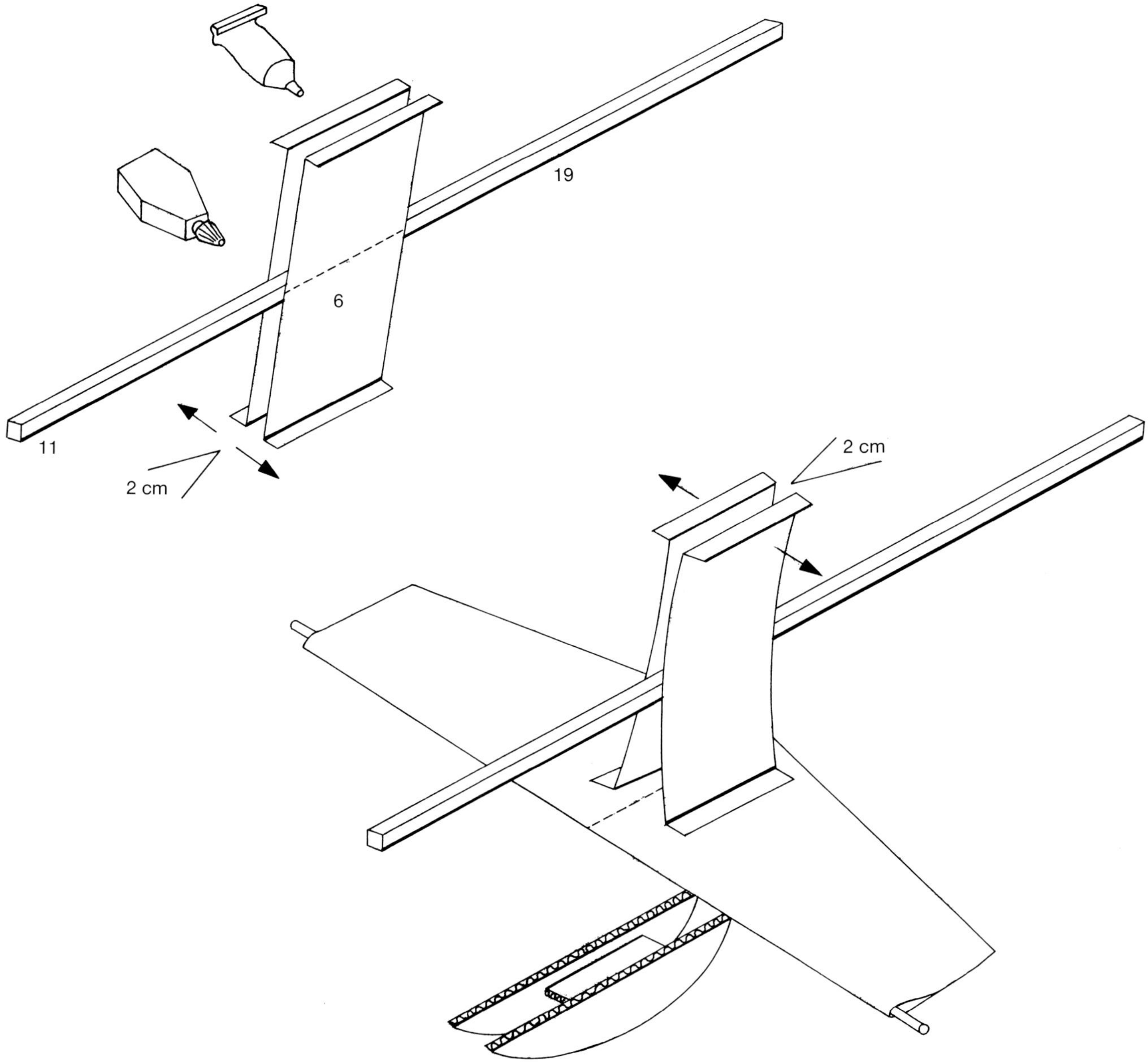

Profilansicht

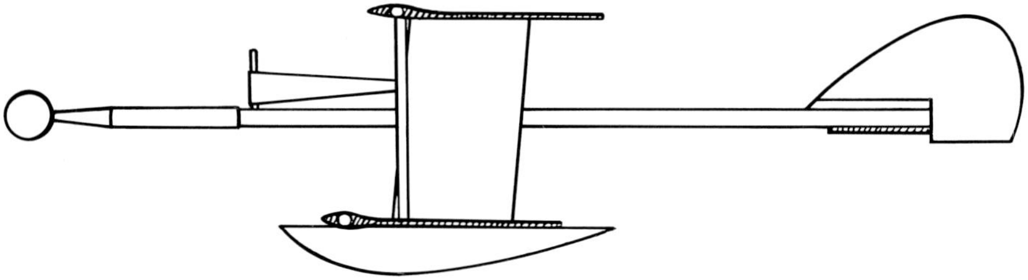

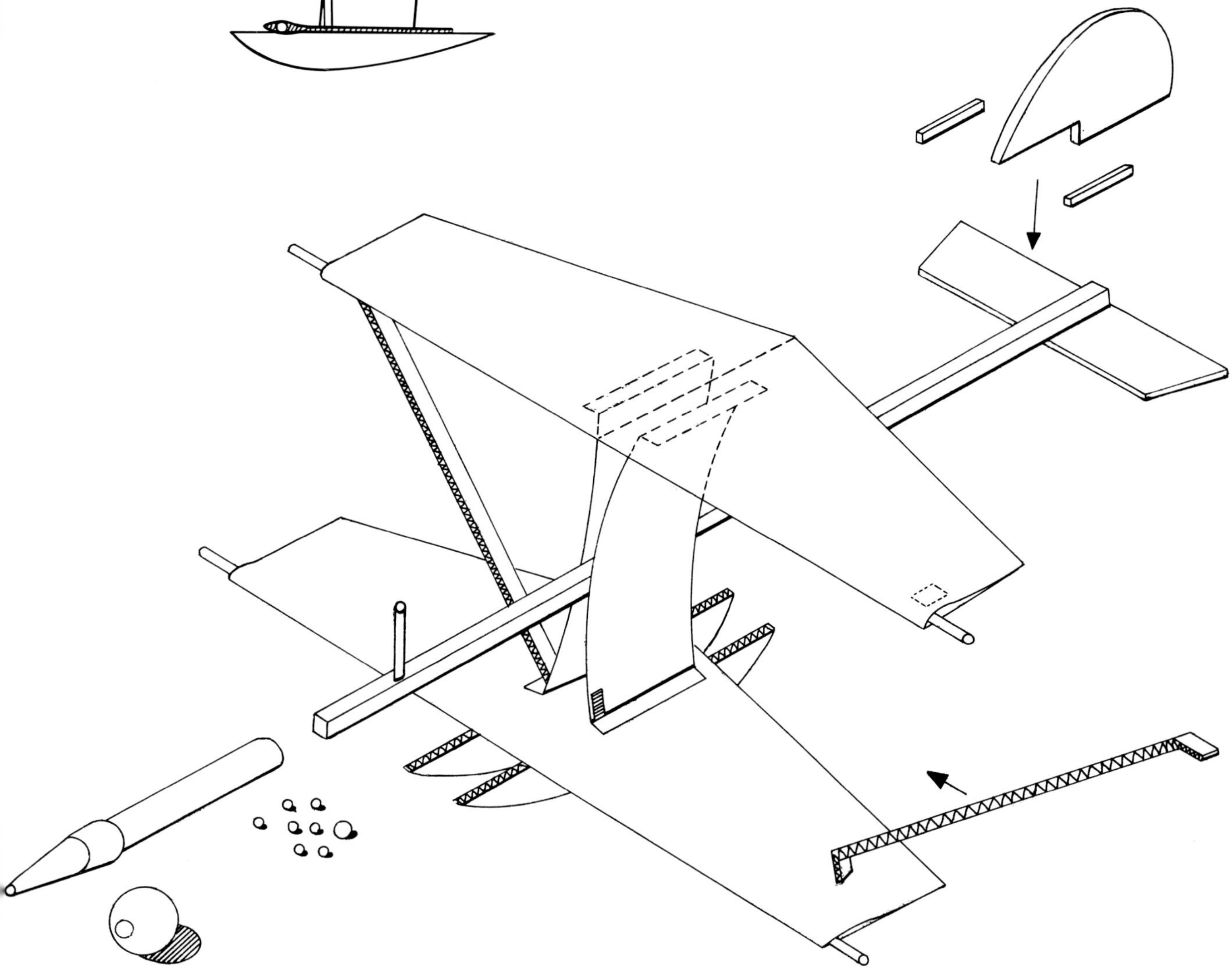

Blue Jet

Material und Hilfsmittel
Mittelstarke braune oder weiße Wellpappe (gute Qualität), Schreibmaschinenpapier, Holzstäbchen 5×5 mm, ca. 40 cm lang, farbiges Papier, Deckweiß, schwarzer Filzstift, Filzstifthülle und Filzstiftkappe für die Trimmung

Der abgebildete Blue Jet hat schon viele Flüge hinter sich. Lediglich die weißen Röhren mußten für die Aufnahme ersetzt werden. Es ist erstaunlich, daß Wellpappe so widerstandsfähig ist. Dabei werden die Flügel bei der Landung am stärksten beansprucht.

Vorarbeiten
Für den Bau dieses Fliegers verwendet man stabile Wellpappe. Gute Qualität ist leicht und äußerst fest. Der Bau des Fliegers ist sehr einfach, lediglich das Schneiden der Kartonagen erfordert etwas Übung und Geduld. Nach dem Zerlegen eines Kartons zunächst die Einzelteile der Reihe nach auf der Pappe (waagrecht zu den Rillen!) vorzeichnen bzw. vom Vorlagenbogen abpausen. Dann mit einem stabilen Lineal und einem scharfen Schneidemesser alles ausschneiden. Während des Schneidevorgangs darf nichts verrutschen, und das Messer muß senkrecht am Lineal entlanggleiten. Bei schiefen Schnitten sitzen später die Teile schräg auf der Rumpfleiste!
Auch mit einer großen Schere lassen sich die meisten Kartons schneiden. Das ist vor allem für Kinder besser geeignet. Dennoch sollte auch hier die Hilfe Erwachsener nicht fehlen.

Für die Flügelröhren halbiert man ein DIN-A4-Blatt der Länge nach und rollt eine Hälfte über zwei Bleistifte ganz eng auf (Abbildung Seite 8). Während des Aufrollens wird immer wieder Klebstoff eingestrichen. Zuletzt muß der Rand sorgfältig angepreßt werden.
Danach kann man die benötigten Teilstücke von der Röhre abschneiden.

Gestaltung
Jetzt schon sollte man an die farbige Gestaltung des Blue Jet denken. Der Phantasie sind dabei keine Grenzen gesetzt. Aufgeklebte Streifendekors und Aufschriften sind genauso wirkungsvoll wie künstlerische Bemusterungen. Glanzpapier, farbiges Prospektmaterial, Filzstifte und Deckweiß erschließen viele Möglichkeiten.

Montage
Auf dem Vierkantstab muß hinten ein kurzes Stück Leiste aufgeleimt werden, damit später das Leitwerk etwas erhöht sitzt. Nun geht es weiter mit der Tragfläche und dem Cockpit. Beide Teile mit Pritt-Bastelkleber oder Ponal-Express aufleimen. Nach jedem Arbeitsschritt die Klebestelle gut austrocknen lassen, eventuell eine Zeitlang andrücken!

Jetzt ist bereits das Leitwerk an der Reihe. Das Querstück (Höhenruder) an seiner Mittellinie auf das Stäbchen setzen, kurz warten und danach das Seitenruder aufleimen. Sicherheitshalber setzt man rechts und links dreieckige Pappstücke ein. So ergibt sich eine noch festere Verbindung. Der Blue Jet kann auch mit einem beweglichen Seitenruder ausgestattet werden.

Eine Anregung für diese Variante findet sich auf Seite 10. Abschließend wird der exakte Sitz geprüft, indem man von vorne auf das Flugzeug schaut. Wenn nötig, das Leitwerk nach der Haupttragfläche ausrichten.

Noch vor den ersten Flugversuchen müssen die Vorderkanten der Tragflächen und des Leit-

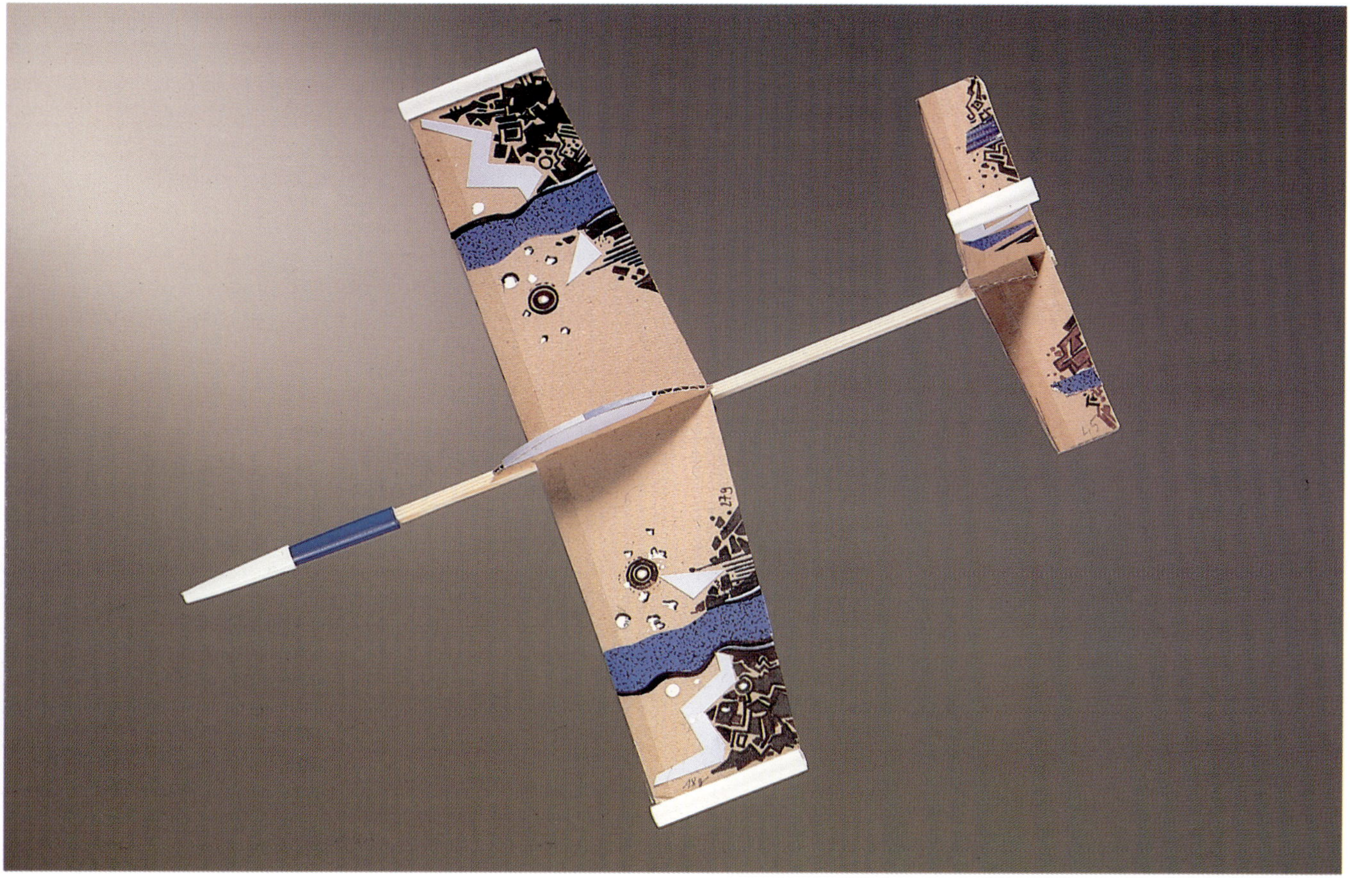

werks mit Tesafilm beklebt werden. Das verbessert die Flugeigenschaften des Blue Jet. Wenn schließlich die weißen Röhrchen seitlich am Flügel und oben am Leitwerk angeleimt sind (Bastelkleber), geht es an den Start.

Fluganleitung
Auf die Spitze werden zunächst Filzstiftkappen oder Kugelschreiberhälften, gefüllt mit Bleikugeln, aufgesteckt. Das Gewicht (mehr oder weniger Bleikugeln) muß man so lange verändern, bis der Blue Jet eine saubere Flugbahn beschreibt.
Für optimale Starts ist jetzt noch ein Abwurfgriff unter der Tragfläche nötig. Vor dem Anleimen empfiehlt es sich, den idealen Haltepunkt in mehreren Testflügen auszuprobieren.
Als schneller Gleiter wird der Blue Jet kräftig aus der Hand in die gewünschte Flugbahn geworfen.
Er erreicht eine hohe Geschwindigkeit, deshalb ist ein Aufprallpolster an der Spitze (Abbildung Seite 12) für verantwortungsvolle Piloten ein unbedingtes „Muß".

Sicherheitshinweis: Flugzeug nur abwerfen, wenn niemand im Flugbereich steht.

Montageübersicht Blue Jet

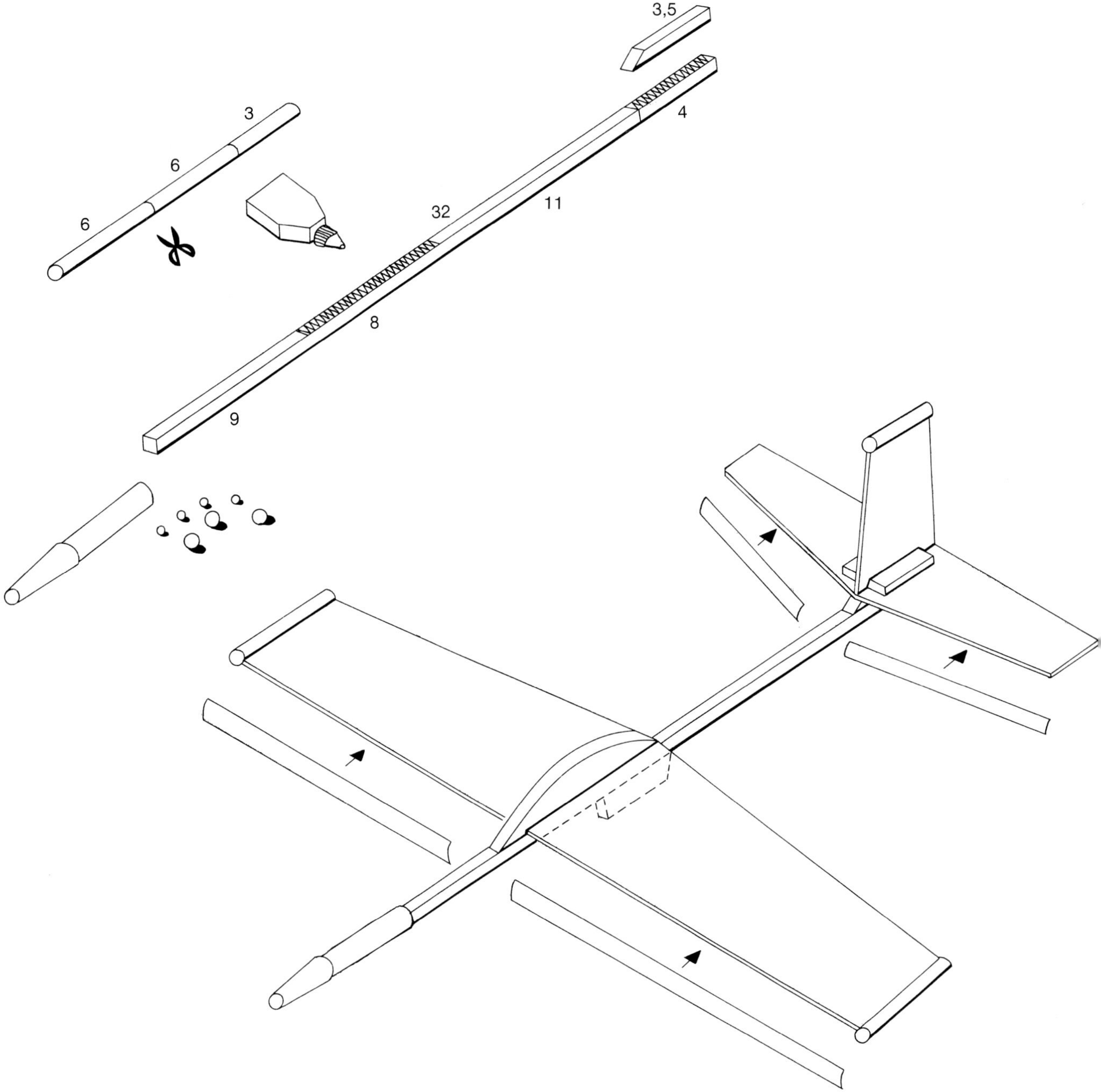

Sea-Cloud

Material und Hilfsmittel
1 Holzstäbchen 5 × 5 mm, 30 cm lang, 4 Holzstäbchen à 7,5 cm, dünne, feste Wellpappe, farbiges Papier, Wickelblei, Holzkugel (2,5 cm Durchmesser, 5 mm Bohrung)

Die große Spannweite macht diesen Segler zum Champion unter seinesgleichen. Am besten fliegt die Sea-Cloud unter guten thermischen Bedingungen. Der Abwurfpunkt (Hangkante, Berg) sollte so gewählt werden, daß eine große Strecke zurückgelegt werden kann. Der Bau dieses Segelfliegers erfordert etwas Geduld und geübte Hände. Für die Herstellung der Tragflächen benötigt man extra dünne, feste Wellpappe. Sie ist in brauner und weißer Ausführung in Papiergroßhandlungen zu bekommen. Häufig wird sie als Verpackungsmaterial für große Bildkalender oder ähnliches genutzt.

Vorbereitung
Die Bauteile (Vorlagenbogen) sind sorgfältig auf den Karton zu übertragen, indem man alles maßgerecht aufzeichnet, mittels Kohlepapier durchpaust oder nach der Durchstichmethode (siehe Einleitung) vorgeht.

Bei den Tragflächen genügt es, eine von beiden aufzuzeichnen. Diese wird ausgeschnitten und als Schablone für die zweite benutzt. Nur so erhält man zwei identische Flügel. Grundsätzlich ist darauf zu achten, daß die Rillen der Flügel immer in Richtung der auszuschneidenden Form verlaufen.

Konzentration und besondere Vorsicht erfordert das Ausschneiden mit dem Kartonmesser. Die Klinge muß scharf sein, und es ist unerläßlich, auf einer geeigneten Unterlage (Glas, Karton) zu schneiden. Kinder benötigen hier die Hilfe Erwachsener! Nur ein langes Lineal, das man am besten gemeinsam festhält, ermöglicht saubere Schnitte entlang der vorgezeichneten Linien. Die runden Formen müssen freihändig ausgeschnitten werden. An Probestücken sollten zuvor Rundschnitte geübt werden.
Die Cockpitform wird zwei- oder dreimal ausgeschnitten, wie in der obigen Abbildung dargestellt. Danach werden die Teile aufeinandergeklebt. Das ergibt eine stabile Mehrschichtkonstruktion, die nötig ist, da die Sea-Cloud bei der Landung mit dem Bug aufsetzt. Das Cockpit erhält entsprechend der Kanten und Stäbchenstärke einen schlitzartigen Einschnitt, damit es später paßgenau aufgesteckt werden kann. An dieser Stelle sei darauf hingewiesen, daß dieses Segelflugzeug auch ohne Cockpit gut aussieht und fliegt.
Die Rumpfleiste ist bei der Sea-Cloud etwas komplizierter aufgebaut als bei den anderen Modellen. Das Detailfoto zeigt, wie kleine Leisten (7,5 cm) seitlich angetreppt sind, um eine angewinkelte Flugstellung zu ermöglichen. Die Hölzchen sind nach außen hin jeweils um 1 mm (eher etwas weniger) nach oben versetzt.

Montage
Der Zusammenbau muß mit hochwertigem Klebstoff erfolgen (siehe Seite 9)!
Wenn alle Bauteile hergerichtet sind, wird zunächst hinten das Seitenruder (senkrecht) aufgeleimt. Schmale Pappestreifen an den Seiten geben zusätzlichen Halt. Das Höhenruder (waagrecht) wird von unten her gegen das Holzstäbchen geleimt. Es muß exakt in der Mitte sitzen.

Nun sind die Flügel an der Reihe. Man leimt sie von der Stäbchenmitte (!) aus über die Treppen und hält sie in dieser Position eine Zeitlang fest. Wenn der Leim abgebunden hat, können zusätzlich von unten her Pappestreifen als Flügelhalter angebracht werden. Auch der Abwurfgriff findet am Stäbchen unter den Tragflächen Platz. In der Montagezeichung ist die Lage dieser Bauteile gut zu erkennen.

Variante A
Bereits jetzt ist die Sea-Cloud flugfähig, wenn sie vorne mit einer Holzkugel bestückt (Stäbchen anspitzen) und mit Wickelblei beschwert wird. Die Größe des Bleistücks muß so gewählt werden, daß die Sea-Cloud einen einwandfreien Gleitflug ausführt. Farbige Spitzen auf den Tragflächen und eine originell bemalte Trimmkugel machen diesen weißen Segler zum Star der Lüfte.

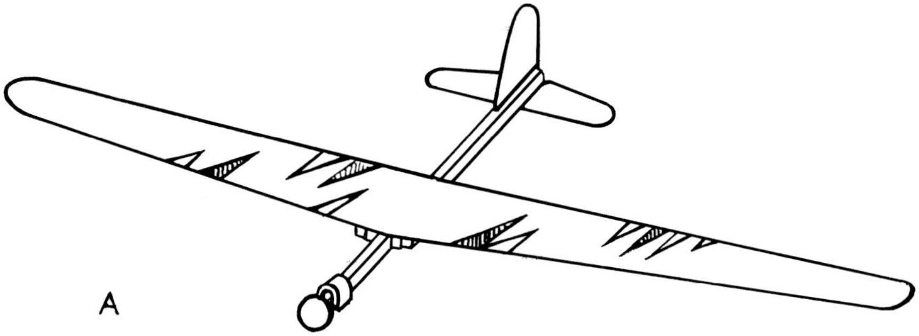

A

Variante B
Das fertig dekorierte Cockpit (Scheibe, Streifen usw.) wird fest aufgeleimt und mit einem Stück Wickelblei, das bis zum Holzstab hinunterreicht, beschwert. Testflüge zeigen, ob das Bleistück zu schwer oder zu leicht ist. Erst wenn die Sea-Cloud einen langsamen Sinkflug ausführt, ist sie richtig getrimmt. Abschließend kann man am obersten Cockpitrand eine Kerbe einschneiden, die das Bleistück aufnimmt. Mit der Zange anklemmen, fertig!

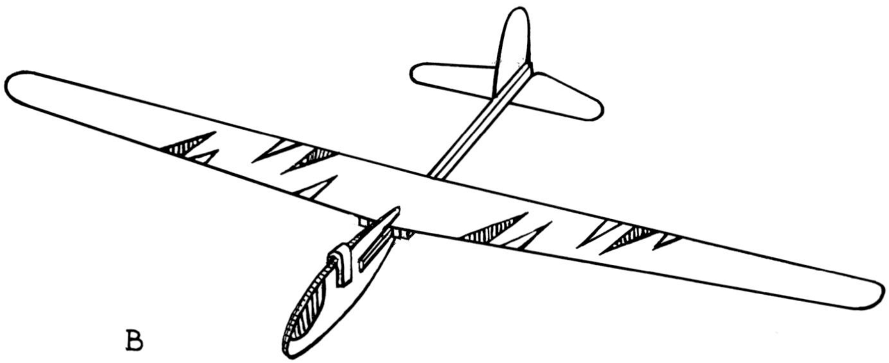

B

Sicherheitshinweis: Flugzeug nur starten, wenn niemand im Flugbereich steht.

Montageübersicht Sea-Cloud

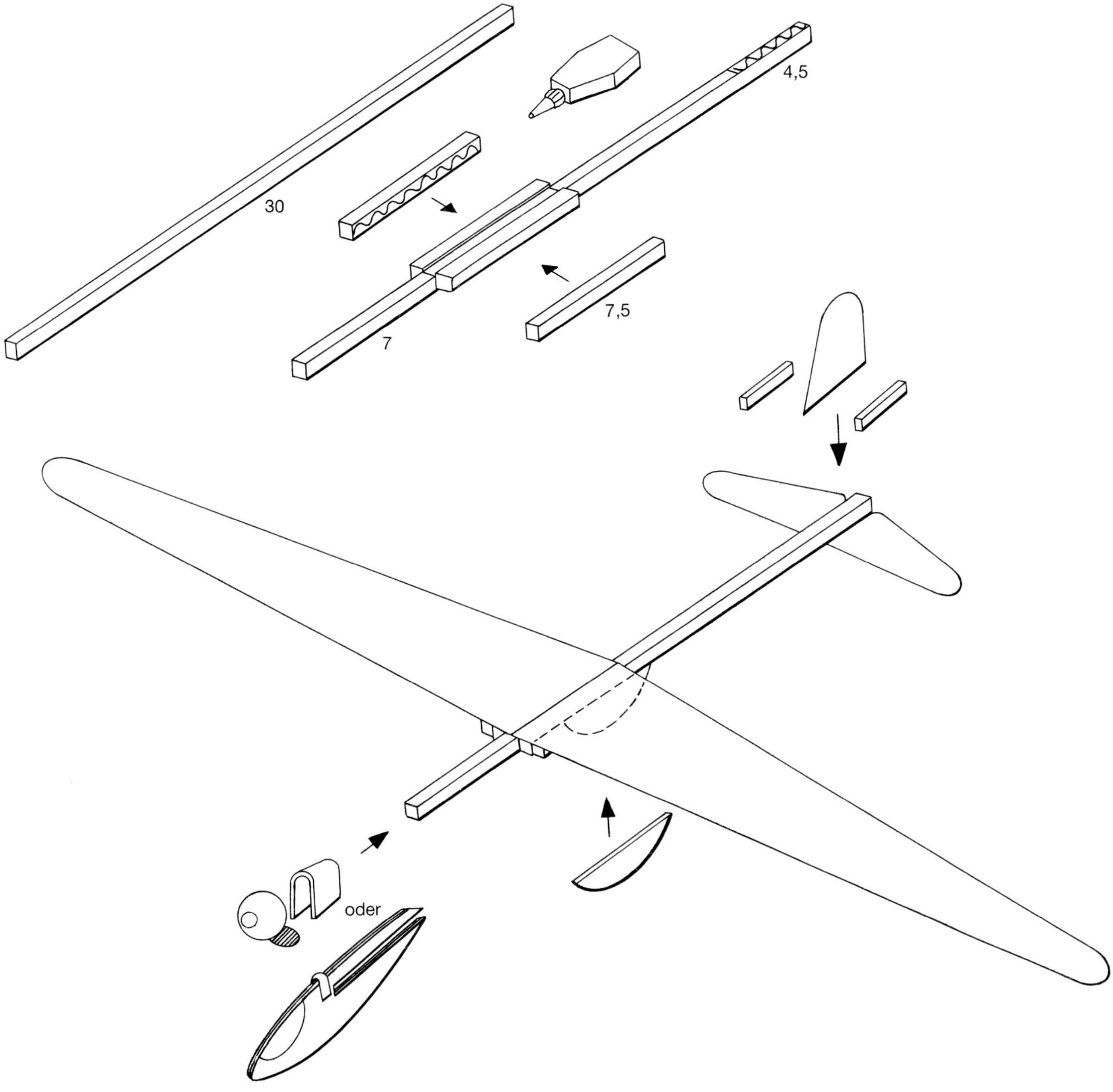

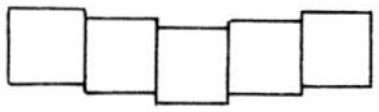

Ansicht der Stäbe von vorne. Die äußeren sind gegenüber dem mittleren um einen knappen Millimeter nach oben versetzt.
Achtung: Die kurzen Stäbe müssen absolut parallel zum Hauptstab angebracht werden.

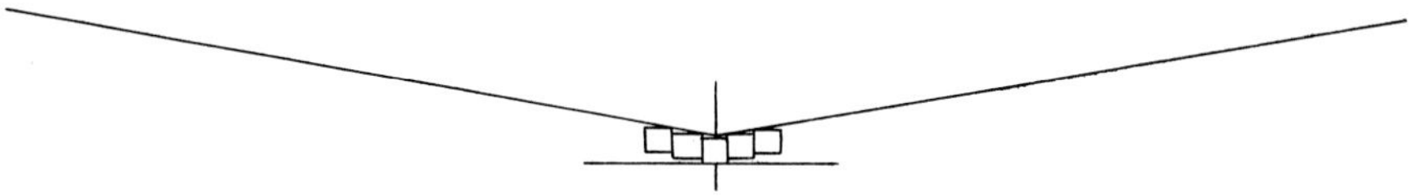

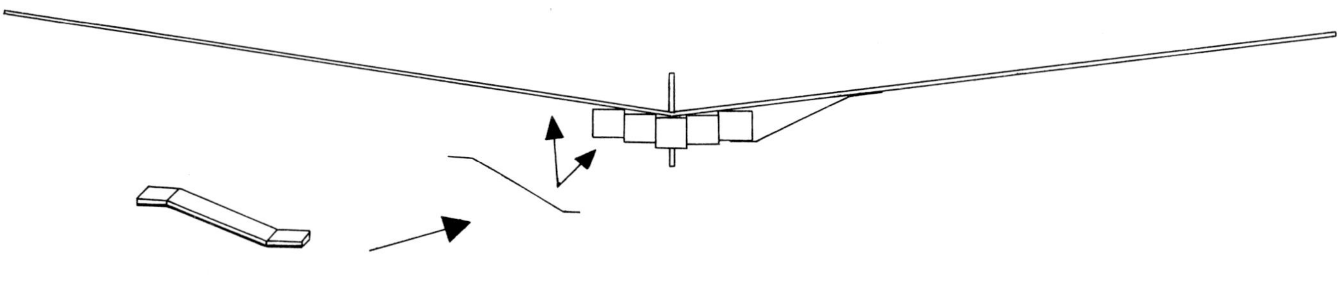

Eventuell so die Flügelstellung stabilisieren, wenn sich die Tragflächen zu stark durchbiegen.

Fliegende Kreise

Material und Hilfsmittel
Schreibmaschinenpapier (DIN-A4), Regenbogenpapier, Büroklammern, Klebefilm, Farbstifte

Die beiden kleinen Rundflügler werden mittels eines Blasrohres auf die Flugbahn gebracht. Für den Start wird die Flugzeugröhre auf das Blasrohr geschoben. Wenn man nun kräftig pustet, startet das Flugobjekt wie ein Pfeil nach vorne weg. Die abgebildeten Modelle sind baugleich und unterscheiden sich nur im Design.
Die Gestaltung der Tragflächen und des Leitwerks ist natürlich den Piloten selbst überlassen. Filzstifte und Buntstifte eignen sich für eine phantasievolle Bemalung.

Vorbereitungen und Montage
Für das Blasrohr benötigt man Schreibmaschinen- oder Briefpapier, das über zwei Buntstifte eng aufgerollt und schrittweise verklebt wird. Am Schluß wenig Klebstoff auftragen und das Blattende immer wieder andrücken, damit eine saubere Naht entsteht. Nun noch ein Ende des Röhrchens mit Klebefilm umwickeln, damit man es als Mundstück benutzen kann.

Die Flugzeugröhre entsteht auf die gleiche Weise. Allerdings genügt ein der Länge nach halbiertes Blatt, das nun über das inzwischen getrocknete Blasrohr gerollt und geklebt wird. Je besser die beiden Röhrchen ineinanderpassen, desto schwungvoller sind später die Flüge.

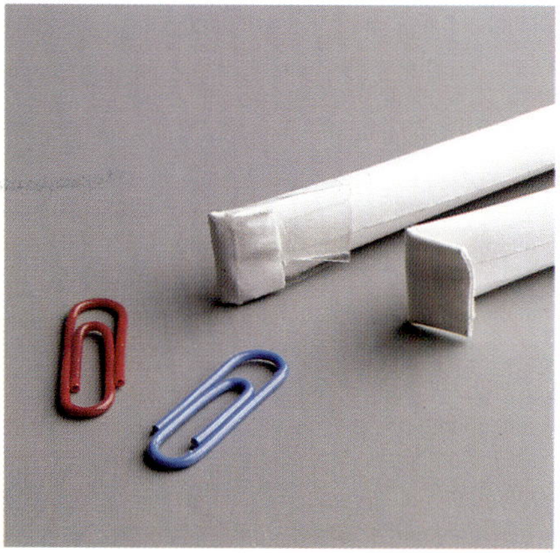

Wie in der Abbildung zu sehen, muß nun das Röhrchen vorne noch umgefaltet (ca. 1 cm) und mit Klebefilm fest umwickelt werden. Eine aufgesteckte Büroklammer ist das Trimmgewicht.
Während die Röhre trocknet, schneidet man aus etwas stärkerem Papier oder aus doppellagig verklebtem Papier die runde Tragfläche (Radius 7 cm) aus und klebt sie entlang der Mittellinie auf die Flugröhre.
Diese muß allerdings trocken sein. Auf der Unterseite wird vorne das Ganze mit einem Klebefilmstreifen fixiert. Am vorderen Rand bekommt die Tragfläche kleine, 1 cm breite Flugklappen.

Jetzt fehlt nur noch das Leitwerk, dessen Form im Vorlagenbogen dargestellt ist. Es wird mittels zweier Klebelaschen hinten aufgesetzt. Schließlich darf man nicht vergessen, die Seiten der Tragfläche hochzubiegen.

Fluganleitung
Nun geht es an die ersten Starts. Man muß wirklich kräftig pusten und herausfinden, ob an der Nase noch etwas mehr Gewicht zugegeben werden muß. Gegebenenfalls zusätzlich Klebefilm anbringen.

Auch eine zweite Büroklammer kann hilfreich sein, wenn der Flieger zu schnell nach oben steigt und dann herunterfällt. Die Flugklappen dienen der Feinabstimmung. Wenn die Trimmung stimmt und das Flugzeug sauber gebaut wurde, dann belohnt es uns mit Blitzstarts und schnittigen Gleitflügen.

Sicherheitshinweis: Flugzeug nur starten, wenn niemand im Flugbereich steht.

Tiger

Material und Hilfsmittel
Schreibmaschinenpapier (gute Qualität) oder Fotokopierpapier, Kunststofftrinkhalme, Eisendraht 1 mm stark, Buchenholzräder (Durchmesser 2 cm), Kugelschreiber als Trimmgewicht, Farbstifte

Dieser Hochdecker ist aus zwei- und dreifach verklebtem Schreibmaschinenpapier hergestellt. Das besondere Merkmal an der kleinen Maschine ist das Fahrgestell. Aus Draht gebogen und mit Holzrädern bestückt, ermöglicht es realistische Landungen auf glattem Boden. Als Zielflieger ist dieses Flugzeug ein Spaß für regnerische Tage.

Vorarbeiten
Für die Tragfläche werden zwei Bögen Schreibmaschinenpapier miteinander verklebt. Es ist wichtig, den Klebstoff (UHU-Alleskleber) in engen Linien aufzutragen. Diese Methode versteift die Flügel!
Anschließend zeichnet man auf den durchgetrockneten Papierbogen eine Diagonale und kennzeichnet die Mitte. Durch diesen Punkt wird jetzt die Senkrechte gefällt. Nun ist es nicht mehr schwer, mit Geo-Dreieck und Zirkel die Flügelform – einschließlich der Laschen – vom Vorlagenbogen abzuzeichnen. Das Durchpausverfahren ist ebenfalls mög-

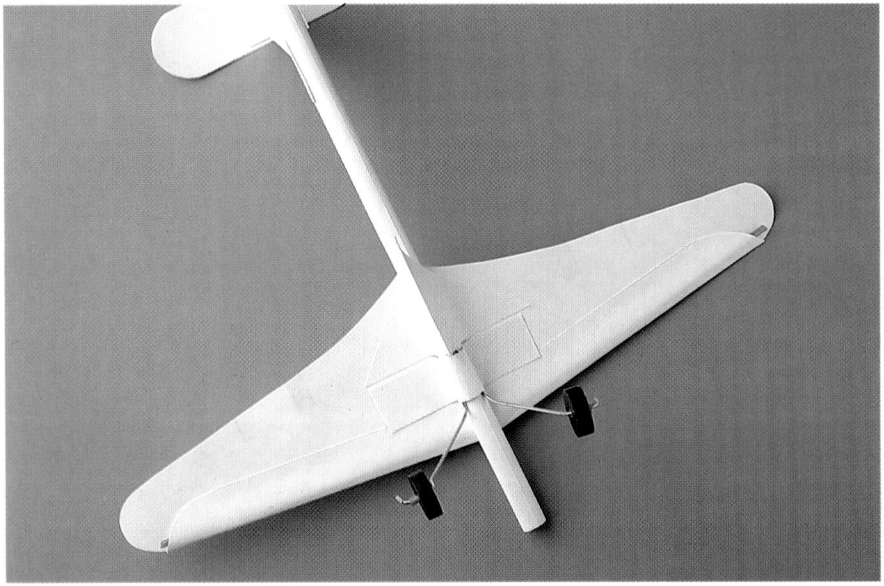

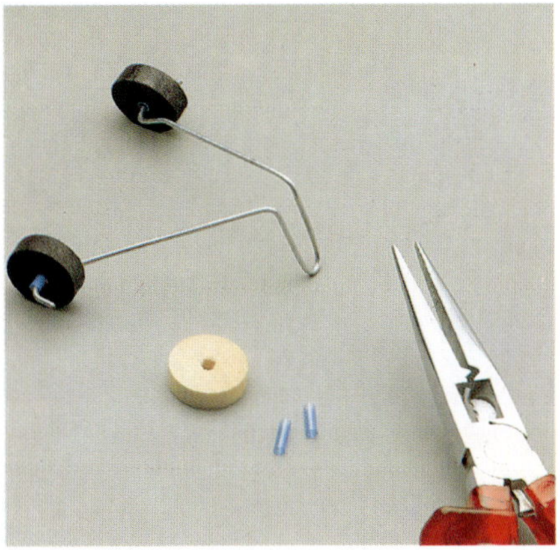

lich, aber es ist immer eine etwas ungenauere Angelegenheit.

An der Strichlinie wird das Papier leicht vorgeritzt und umgefaltet. Mit dem Fingernagel die Faltlinie glätten! Um das richtige Tragflächenprofil zu bekommen, muß man jetzt zwei Trinkhalme ineinanderstecken und in die Lasche einkleben. Während des Trocknens wird die Tragfläche immer wieder von oben nachgedrückt! Unten soll sie gerade bleiben, oben soll sie sich wölben!

Der Rumpf ist einfach zu konstruieren. Ein in der Länge geteiltes DIN-A4-Papier kann mit Hilfe zweier Stifte (Abbildung Seite 8) sauber eingerollt und verklebt werden. Nach dem Trocknen haben wir dann eine stabile Papierröhre.

Das Heckleitwerk ist im Vorlagenbogen originalgroß dargestellt. Es wird auf vierfach verklebtes Papier zeichnerisch übertragen oder durchgepaust. Das senkrecht stehende Seitenruder ist auch vierlagig verklebt. So bekommt es die nötige Stabilität. Unten und oben befinden sich Klebelaschen, die nach rechts und links umgelegt werden.

Montage
Jetzt kann die Maschine zusammengebaut werden. Die Tragfläche ist 4,5 cm von der Vorderkante der Röhre entfernt. Diese mit Pritt-Bastelkleber aufleimen und immer wieder andrücken. Dann gut durchtrocknen lassen.
Von unten her nun vorsichtig die im Vorlagenbogen dargestellte Griffleiste ankleben. Durch sie bekommt die Tragfläche zusätzlichen Halt.
Ganz hinten auf der Röhre wird das Leitwerk befestigt. Unbedingt darauf achten, daß das Seitenruder im Verhältnis zur Haupttragfläche senkrecht steht und das Höhenruder waagrecht. Dazu am besten immer wieder von vorne gegen das Flugzeug schauen.

Fahrwerk
Es ist ratsam, Eisendraht von 1 mm zu nehmen. Diesen biegt man mit einer Zange exakt nach der Zeichnung im Vorlagenbogen und steckt dann Holzräder (2 cm Durchmesser) mit Mittelbohrung auf die Drahtenden. Kurze Trinkhalmstücke, die fest in der Bohrung der Räder stecken, sorgen für einen perfekten Lauf auf der Drahtachse (Abbildung). Buchenholzräder gibt es im Bastelgeschäft zu kaufen, aber man kann sie auch von einem Besenstil herunterschneiden.
Diese bekommen dann allerdings noch eine Mittelbohrung. Zum Aufstecken des Fahrgestells muß unter der Tragfläche eine Lasche angebracht werden, die an der Röhre nur seitlich verklebt wird.

Montageübersicht Tiger

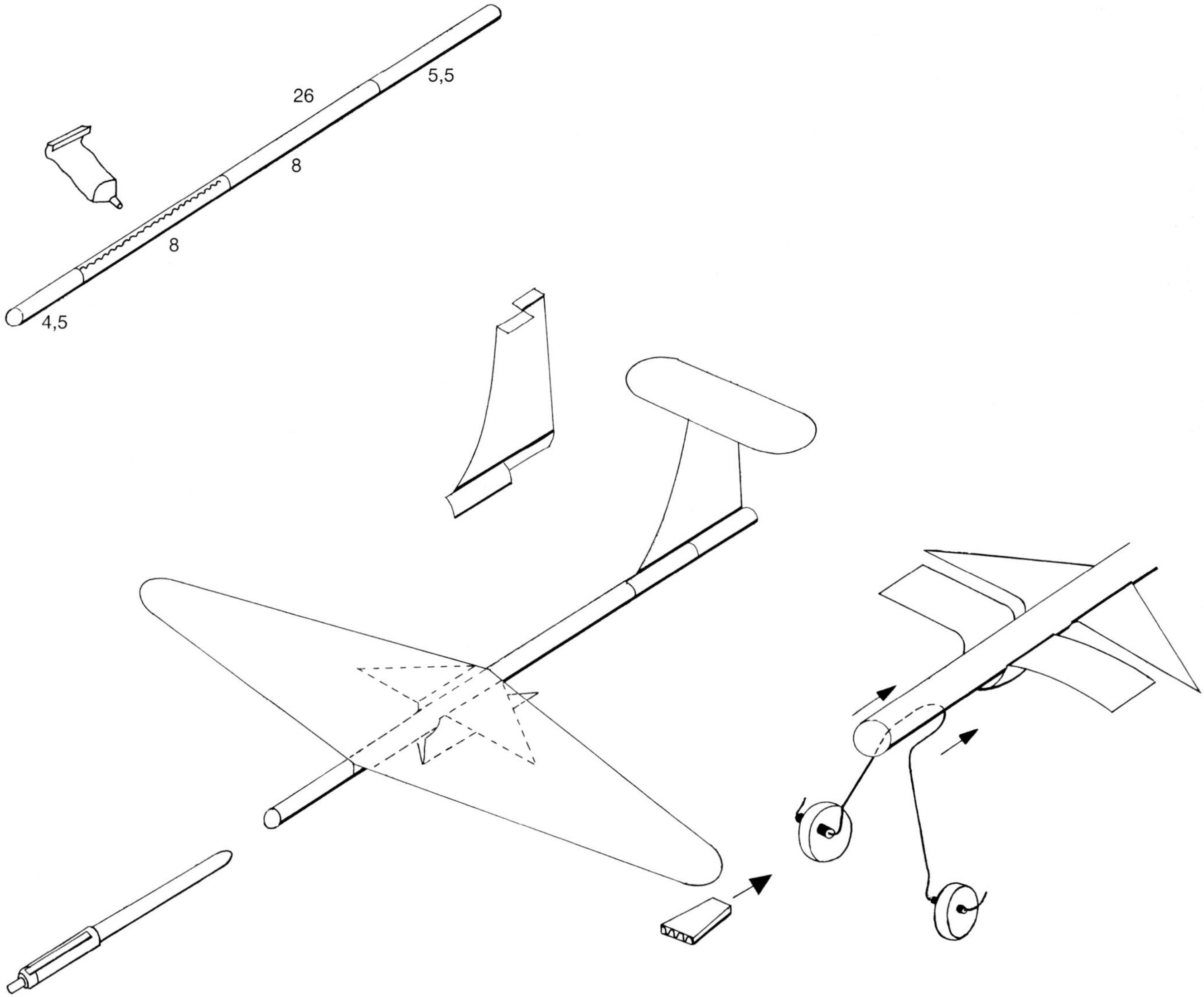

In der Untersicht von Seite 60 kann man sehen, wie hier das Fahrgestell eingeschoben ist. Mit Klebefilm oder einem Wellpappekeil fixieren, fertig!

Fluganleitung
Sorgfältige Konstruktion und genaue Trimmung sind die Voraussetzung für die Flugfähigkeit des Modells. Für die ersten Trimm-Tests, mit und ohne Fahrwerk, wird vorne in die Rumpfröhre ein Kugelschreiber eingeschoben. Ganz sanfte Starts verhindern, daß der Tiger auf den Boden kracht, wenn die Trimmung noch nicht ganz stimmt. Anfangs am besten in die Knie gehen, dann ist die Abwurfhöhe geringer.
Wenn der Kugelschreiber an der richtigen Stelle sitzt, steuert die kleine Maschine in einem weiten Sinkflug auf die Landebahn zu.

Nach dem Studium an der Kunstakademie in München arbeitete Ludwig Köbler als freischaffender Grafiker und Cartoonist. Seit 1976 ist er als Kunsterzieher an einem Allgäuer Gymnasium tätig. Schwerpunkte seiner Arbeit sind Malerei, Werken und Kunstgeschichte.

Fotos: Peter Nielsen
Umschlaggestaltung: Michael Wiesinger
Reinzeichnungen, Vorlagenbogen: Anne Marie Friedel
Faltanleitungen: Thomas Haßler
Montageübersichten: Andreas Weber
Alle restlichen Zeichnungen: Ludwig Köbler

Autor der Flieger Seite 16 und 20: Christian Köbler
Reproduktionen: Scan-Studio Hofmann, Freiburg

Lizenzausgabe für Gondrom Verlag GmbH, Bindlach 1999

ISBN 3-8112-1692-9